メンタルヘルス実践ワーク

生産性と人間性を織り成す企業づくり

Practical Exercises for Mental Health

ライフデザイン研究所 所長 畔柳 修（くろやなぎ おさむ）●著

金子書房

まえがき

　企業はそれぞれにかけがえのない個性豊かな一人ひとりに支えられています。一人ひとりをおろそかにせず、個性を活かしてこそ、活き活きとした企業が実現します。

　社会に貢献するために企業があるにもかかわらず、その陰（背後）にメンタルヘルス不調者や自殺者を生み出している現実をどう捉えますか。個人の問題であると言い切れるでしょうか。

　収益（売上）とメンタルのバランスをどう図っていくか、両立していくかが、私たち一人ひとりに問われています。

　生産性ばかりに目を向けるのではなく、生産性と人間性の両立を図る、縦糸と横糸で織り成す企業経営を、本書を通して、ご一緒に考え、お取り組みいただければ嬉しく思います。

縦糸と横糸で織り成す企業経営を！

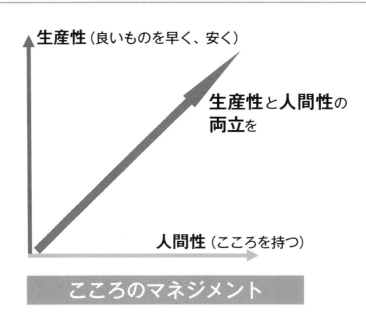

ライフデザイン研究所

畔柳 修

本書の活かし方

① 本書は、個人がセルフケアを身につけるために、講師ファシリテーターが研修の場面で活用できるように、それぞれの立場を考慮しながら、ワーク集にまとめあげました。
形式上、どうしても講師ファシリテーターを想定した説明を記さなければなりませんでしたが、個人の読者の方は、参加者の立場でワークに取り組んでいただければと思います。

② メンタルヘルスのスタートは、セルフケア「自分の健康は自分で守る」です。そのため、本書はセルフケアを推進するためのワークを中心に取り上げていますが、メンタルヘルスケアは、組織・全社で捉え、計画実施すべきテーマといえます。そのため、第3章では、組織・全社で取り組むための考え方、進め方のヒントを紹介しています。

③ メンタルヘルスの取り組みは、一次ケア（予防のためのメンタルヘルス）、二次ケア（早期発見・早期治療）、三次ケア（職場復帰支援）の広い範囲を扱います。そのため、コミュニケーションやマネジメント、キャリアなどと多くの部分で重複します。
本書はメンタルヘルスという観点でワークを紹介していますが、コミュニケーション研修やマネジメント研修などにも応用いただけますので、ぜひ、研修の目的やねらいに応じてアレンジしてください。

④ ワークは、＜ねらい＞＜進め方＞＜ワークシート＞＜ふりかえり＆ポイント＞の順に構成されています（一部、ワークシートが不要なワークも含まれます）。理論や知識が豊富な読者は、想像を膨らませながら、ワークをお読みください。

Contents

まえがき…… i
本書の活かし方…… ii

第❶章　セルフケア －自分の健康は自分で守る！－

ストレスって？…… 2
セルフケアは、『自分の健康は自分で守る』という自覚から…… 4
いつもと違う自分に気づく…… 6
ワーク1　ストレスのシグナルに早めに気づく…… 7
ワーク2　こころの天気図…… 10
「書く」ことの効用…… 12
ストレスと価値観の関係…… 18
仲間のSOSを見逃さない…… 18
ワーク3　ストレスチェック（他者評定）…… 20
ストレス対処法①　積極的な"休養"のすすめ…… 24
ストレス対処法②　"楽しい"をプレゼントする…… 25
ストレス対処法③　コントロールできないことは悩まない…… 25
ストレス対処法④　悩みタイムの創設…… 26
ワーク4　時間の有効活用…… 28
ストレス対処法⑤　ムダなストレスをため込まないために…… 34
ストレス対処法⑥　柔軟な受けとめ方…… 34
ワーク5　こころの柔軟体操…… 37
ワーク6　リフレーミング…… 45
リフレーミングの例…… 48
『わたしの祈りに対する神の応え』…… 49
ストレス対処法⑦　ソーシャルネットワークを築こう…… 51
ストレス対処法⑧　等身大の自分で接しよう…… 52
ストレス対処法⑨　怒りのコントロール…… 52
ストレス対処法⑩　"No"を伝えよう…… 55
ストレス対処法⑪　笑いの効用…… 56
ワーク7　ストレスコーピング収集…… 58
ワーク8　ストレスコーピング アドバイス…… 61
ワーク9　コーピング探し…… 62
ワーク10　カルテづくり…… 64
ワーク11　変化の先取り…… 66
ワーク12　セルフ・ストローク…… 70
ストレス対処法⑫　健康的なライフスタイルを築く…… 81
リラクセーション（イメージトレーニング）あれこれ…… 82

Contents

第❷章　ラインケア －風通しの良い職場づくり－

ワーク1　カウンセリング・マインド①…… 94
『子どもの話に耳を傾けよう』…… 106
ワーク2　カウンセリング・マインド②…… 107
よりよい聴き手になるために…… 113
『積極的に相手の話を聴く』…… 115
相談場面の環境構え…… 115
ラインケアの主体となるリーダーの心得…… 118
リーダーに多い、タイプA行動…… 120

第❸章　組織・全社で取り組むメンタルヘルス対策

メンタルヘルス対策の意義…… 125
9つの領域からのアプローチ…… 127
ワーク1　9つの領域へのアプローチ…… 129
職場ストレスが深刻化する背景…… 134
ストレスチェック〔こころの健康診断〕のすすめ…… 136
求められる定量的なモニター…… 138
組織データをES（従業員満足度）調査に活かす…… 140
ストレスチェック受検後の提案事例…… 141
リーダーが果たす緩衝材役…… 150
自由裁量度を高める仕掛け…… 151
メンタルヘルスケアにおけるリーダーの役割…… 152
予防のためのカウンセリング…… 155
クリエイティブ・イルネス…… 156

あとがき…… 157

メンタルヘルス 実践ワーク

－生産性と人間性を織り成す企業づくり－

Mental Health

第1章
セルフケア
－自分の健康は自分で守る！－

ストレスって？

　ストレスとは簡単にいうと「刺激を受けたときに生じるこころやからだの歪み」のことです。正確にはこの刺激のことをストレッサーといい、心身の歪みのことをストレス反応といいます。

　ゴムボールを指で押した場合と同じように、私たちのこころやからだにも歪みが生じてきます。そして、その圧力が強過ぎたり、あまりにも長く続いたりすると、ゴムボールが破裂するように、私たちのこころやからだも悲鳴を上げ、病気になってしまいます。

　ストレスはない方がよいもの、悪いものと誤解されていますが、「ストレスは人生のスパイス」といわれます。料理にスパイスが欠かせないように、私たちの人生にもストレスは欠かせません。

　もしも、仕事は楽で暇、まわりの人たちはみな自分の思い通りに動いてくれる…などという状況になったとしたら、はたして楽しいでしょうか？　はじめの間は、「楽でいい」と思うかもしれませんが、徐々に退屈でやりがいを感じず、働く気力も衰えてくることでしょう。

　ふだん忙しく働いているからこそ、骨休めの休日が楽しみになり、リフレッシュ効果が表れるのです。

ストレスってなに？？

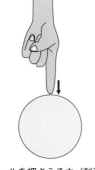

ボールを押さえる力（刺激）
ストレッサー

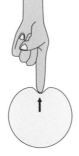

ボールの形をもとに
戻そうとする力
ホメオスタシス（自己治癒力）

ボールが歪んだ状態
ストレス状態

ストレスは、能力を十分に発揮するには、むしろ必要なものだといえます。それを端的に表しているのが、競技前のスポーツ選手です。ストレスによって、心身の状態が最高潮に達していれば、それだけ素晴らしい成績を残せる可能性が高くなるからです。これはスポーツ選手ならずとも、ビジネスマンも良い成績を残そうと思ったら、同じことがいえます。スポーツの世界では、この集中力やエネルギーが最高潮にあることを、フロー状態とか、ピークパフォーマンスといいます。

　体内でストレス反応が起こり、それが最適のレベルに達したとき、高い能力が引き出されます。これは生物学的には「ストレス」ですが、むしろ「チャレンジ」と呼ぶ方が相応しいといえます。

　台風や北風が木の根を育てるように、ストレスは困難な状況を乗り越え、私たちを成長させ、満足をもたらしてくれるものなのです。

ストレスレベルと生産性

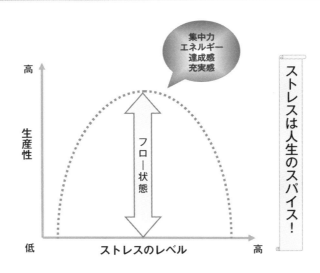

　もともと「ストレス」は、物理学に使われていた言葉ですが、カナダの生理学者であるハンス・セリエ博士が1936年にイギリスの雑誌『ネイチャー』誌に「ストレス学説」を発表したことから、この言葉が広く使われ始めました。
　「ストレス」はもともと「圧力」や「圧迫」などを意味する言葉でした。物理学や工学の学問領域では、「体外から加えられた要求に対する物体の非特異的な反応」と定義され、物体に歪みを生じさせる力を表す反応として用いられています。例えば、ゴムボールに指で圧力をかけるとさまざまな形に変形しますが、そのような状態を「ストレス状態」といい、このとき、ストレス状態を引き起こす刺激（指による圧力）のことを「ストレッサー」といいます。
　ストレスは刺激（ストレッサー）に対する反応としての緊張であり、歪みなのです。

Mental Health

適度なストレスが必要

高ストレス	・過緊張 ・イライラ ・混乱 ・注意力散漫	ストレスを下げる ↓
適度なストレス	適度なストレスがかかっていることが必要	
低ストレス	・無気力 ・退屈 ・マンネリ	ストレスを上げる ↑

セルフケアは、『自分の健康は自分で守る』という自覚から

　厚生労働省は、平成12年に「事業場における労働者の心の健康づくりのための指針」を発表し、メンタルヘルスケアは、労働者自身がストレスやこころの健康について理解し、自らのストレスを予防、軽減あるいはこれに対処する「セルフケア」、労働者と日常的に接する管理監督者が、こころの健康に関して職場環境等の改善や労働者に対する相談対応を行う「ラインによるケア」、事業場内の健康管理の担当者が、事業場のこころの健康づくり対策の提言を行うとともに、その推進を担い、また、労働者及び管理監督者を支援する「事業場内産業保健スタッフ等によるケア」及び事業場外の機関及び専門家を活用し、その支援を受ける「事業場外資源によるケア」の4つのケアが継続的かつ計画的に行われることが重要であるとしました。

　セルフケアの内容は、下図の通り、①ストレスへの気づき、②ストレスへの対処、③自発的な相談という内容で、予防の観点が盛り込まれていません。そこで、筆者が主宰するライフデザイン研究所では、予防の観点を含め（心の健康づくり4つの対策に"予防"を組み入れ）、5段階に分けて研修のプログラムを構成しています。

　セルフケアの基本は、『自分の健康は自分で守る』という自覚です。会社や上司が守ってくれると受動的に捉えることなく、自ら主体的・積極的に自分のこころとからだの健康に責任を持つという意識が求められます。

セルフケアのスタートは、日頃と違う自分に気づくアンテナをしっかりと立てておくことです。自己への気づきを見逃さず、しっかりとキャッチできることが出発点となります。ストレスがたまっているなと気づいたら、ストレスへの対処法を実践し、ストレス状態を軽減します。ストレス対処法は、単にストレスがたまったから対処するというものもありますが、その大半は、ストレス対処法を日頃から実践することで、ストレスをためこむことなく未然に防ぐことができるものです。ストレスがたまったから対処をするという後追いではなく、そうならないために、日頃から未然に防止するという積極的な習慣づくりをこころがけたいものです。

また、新入社員や若手には酷かと思いますが、ストレスの原因となるストレッサーを軽減する取り組みも忘れてはなりません。

さまざまな取り組みを実践しても、不安やプレッシャーに押し潰されることやストレスが軽減しないこともあります。その場合は、早めに専門家に相談することです。専門家に相談することは弱い者のすることだと勘違いしている方がまだまだ多いように思いますが、「専門家に相談してまでも、何とかしたい」という働きかけは、消極的ではなく、むしろ積極的なアクションといえます。

心の健康づくり4つの対策

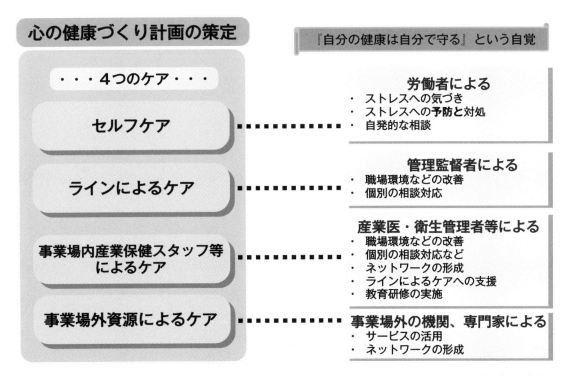

厚生労働省：「事業場における労働者の心の健康づくりのための指針」に一部追記

Mental Health

　米国の上場企業のCEOの大半は、日頃から、自分のカウンセラーを雇いセルフコントロールに活かしています。ビジネスのプロとして、自分のこころの健康は自分の責任である自己責任の現れといえます。ぜひ、見習いたいものです。

自分の健康は自分で守る

- 自分のシグナルに気づく
- ストレス対処法（コーピング）の獲得
- ストレスを未然に防ぐ
- ストレッサーを軽減する
- 早めに専門家へ相談する

いつもと違う自分に気づく

　ストレスを炎に例えることができます。コントロールされない炎は野原を焼き尽くし、強風ともなれば、あっという間に民家へと飛び火します。ところが、コントロールされた炎（火力電力）は工場の蛍光灯を照らし、空調（冷暖房）を整え快適な職場環境を整えてくれます。また、家庭では調理をしてくれ、あたたかな歓談を演出してくれます。

　炎と同じように、コントロールされないストレスは、私たちのこころの健康状態を悪化させ、からだへも悪影響を及ぼします。仕事も手につかず、人間関係も疎遠にし、自信を喪失させます。反対に、コントロールされたストレスは、前述の通り、チャレンジ精神を湧き立たせ、人生を精一杯生きるための創造的なエネルギーを生み出してくれます。

　小火のうちに対処できないと手のつけようのない惨事に見舞われるように、ストレスも気づこうとせず長い間ほったらかしにしておくと、手に負えなくなります。

　ストレスは早めに察知することです。そうすれば、パフォーマンスの高い業績を残し、人間関係を円滑にし、私たちの人生を豊かにしてくれるのです。

ワーク❶　ストレスのシグナルに早めに気づく

ワークのねらい

　ストレス状態になるシグナルは人によってまちまちです。自分自身のシグナルに気づいておくことは、ストレス状態に陥ることを未然に防いでくれるきっかけを提供してくれます。
　ストレス状態に陥るといろいろな感情、行動、身体上の問題を引き起こします。
　例えば、ストレスを感じていたために仕事がうまくいかず、そのことで会社を辞めなければならなくなり、それがまたストレスになる…というように、ひとつのストレスがまた次のストレスを誘発するという悪循環に陥ってしまうことがあります。
　そのような悪循環に陥らないようにするためには、早い段階で自分なりのストレスのシグナルを察知し、コントロールする必要があります。
　ストレスを感じ始めた頃であれば、ストレスがたまり押し潰されようというときよりも、エネルギーが消耗されていない分、悪循環のサイクルを断ち切ることが容易だからです。
　自分のSOSシグナルに早く気づく習慣を身につけることで、早めの対処が可能となります（大火事になる前、小火の段階で火を消すことが可能となります）。

進め方

　シートを配布し、普段の自分と違いがある箇所にレ印をつけるように指示します。例えば、日頃から遅刻しがちな人は、就業意識（就業態度）の問題であり、この場合には該当しません。日頃から人を待たせるようなことを嫌い、遅刻をしない人がこのところ遅刻しがちであれば、その場合にレ印をつけるということです。
　日頃の自分との違い（変化）に気づくためのワークです。

ふりかえり&ポイント

①チェックを終えたら、ペアやグループでそれぞれ自分の傾向と、チェックの結果から、気づいたことを話し合います。
　自分とは違う、他者のSOSシグナルを聴くことは、その違いから、自己への理解を深めることができます。
②筆者は、講師自身の事例を語るようにしています。講師が自己を開示することで、参加

Mental Health

者の自己開示を促すことも意図していますが、主な目的は講師の事例を通して対話を促進し、自己への理解を深めていくことです。

例えば、筆者のストレスがたまったシグナルは、腹痛やイライラです。身体面と感情面に出ることが多く、イライラしたのち行動面に移行します。

研修の仕事で出張が続くと、その緊張から毎朝、トイレが近くなります。そうすると、自分でも「かなり疲れてきているなぁ」と自覚します。シグナルをキャッチしたら、日頃から持ち歩いているアロマエッセンスを湯船に入れて、ぬるめのお湯にゆっくりと浸かったり、フロントに電話をしてマッサージを依頼したりして癒しています。

また、出張から帰宅すると、疲れているあまり(ストレスがたまっているあまり)、妻にイライラと当たってしまうことがたびたびです。久しぶりに自宅に戻ったのですから、妻は疲れているわたしをねぎらってくれ、出張時に起こった話題を熱心に語りかけてきたりします。そんなとき、「疲れているんだから、少しそっとしておいてほしい」とか「留守の間の書類の整理がすむまで待っていて」と、言葉に出して頼めばいいのですが、「疲れているのはわかるだろ！しばらくしゃべりかけるな！」といわんばかりにムッとしてしまいます。最近は、妻も要領を得、しばらくそっとしておいてくれるのですが、当初は、「せっかくねぎらっているのに」「わたしが話しかけているのに」と、妻は妻で腹を立てはじめ険悪なムードが漂っていました。わたしのたまったストレスをきっかけにして、火に油を注ぎ、さらなるストレスをため込んでいました。情けないことですが、どうしても甘えが出てしまい、疲れ切っているときに言葉で冷静に伝えることが苦手なわたしは、何気ない会話の際に「俺は疲れているとイライラしがちになるから、悪いけど、そんなときは、そっとしておいてくれないかな。書類などの整理を終え、お風呂に入り終わった頃には落ち着いているだろうから」と、妻にさりげなく伝えました。それ以来、出張から帰宅した直後は、お互いに少し良い距離を置き、ホッと落ち着いた頃、会話を楽しむことができるようになりました。

③「みなさんは、ご自分のシグナルの傾向から、この先、どのような対策を立てますか？5分ほど検討してください」と伝え、5分ほど経過した後、ペアでアイデアを語り合います。

ワークシート

ストレスのシグナルに早めに気づく

行動面のシグナル

- ☐ 食欲がない（または食べ過ぎてしまう）
- ☐ よく眠れない
- ☐ イライラして落ち着かない
- ☐ よく同じ質問を繰り返す
- ☐ 些細なミスを繰り返す
- ☐ 独り言が多い
- ☐ 集中力に欠ける
- ☐ 怒りっぽくなる
- ☐ 職場や家庭で口論が絶えない
- ☐ 優柔不断になる
- ☐ 根気に欠ける
- ☐ アルコールを飲み過ぎやすい
- ☐ 1日1箱以上タバコを吸う
- ☐ 夢でうなされる
- ☐ 約束の時間に遅れる
- ☐ 乱暴な運転をする
- ☐ 性に関する興味が起こらない（または過剰である）
- ☐ 忘れ物やなくし物をすることが多い
- ☐ 焦り過ぎる
- ☐ 人と会うのが億劫になる

身体面のシグナル

- ☐ 体重が急に減った（または急に増えた）
- ☐ 疲れやすい（疲れがとれない）
- ☐ 生理が不順である
- ☐ 下痢・便秘が続いている
- ☐ 胃が痛い（胃もたれがする）
- ☐ めまいや立ちくらみがする
- ☐ 肩や首筋がこる
- ☐ 頭が痛くなる（頭が重い）
- ☐ 湿疹ができやすい
- ☐ 目が疲れやすい
- ☐ 風邪をひきやすい（治りにくい）
- ☐ 手のひらやわきの下に汗をかくことが多い
- ☐ 急に息苦しくなることがある
- ☐ 動悸をうつことがある（呼吸が乱れる）
- ☐ 胸が痛くなることがある

思考・感情面のシグナル

- ☐ 気が沈みがちになる
- ☐ 空想にふけることがある
- ☐ 考えがまとまらず、混乱してしまう
- ☐ 興味、関心がわかない
- ☐ 孤独感に陥ることがある
- ☐ 不安でしかたがない
- ☐ 過去の出来事にクヨクヨする
- ☐ 自分のしたことに自信がもてない
- ☐ 自己嫌悪に陥ることがよくある
- ☐ 他人を信用できない
- ☐ 感情の起伏が激しい
- ☐ 悲観的になることが多い

Mental Health

📖 ワーク❷　こころの天気図

✏️ ワークのねらい

　予防のためのメンタルヘルスの第一歩は、いつもと違う自分に気づくことからスタートすることです。

　日頃から自分のストレスパターンを良く知っておくことは、「自分の健康は自分で守る」セルフケアでは欠かせません。

　自分のこころがどのような場面で、どのような刺激（ストレス）によって、どのような不快な感情を持ちやすいのか、またストレスを感じると自分はどのような状態になるのかを理解しておくと、「ストレスかな？」と自覚することができ、意識的に気持ちをコントロールすることができます。

　そのためには、睡眠満足度や体調指数とともに自分の気分を天気に例えて、「晴れ」「雨」「晴れ時々曇り」などと、気分を「こころの天気図」に記録することをおすすめします。

✏️ 進め方

【ポイント】

　本ワークでは、3タイプのワークシートをご紹介します。

　「こころの天気図」（ストレス反応時）は、セルフケアをテーマとする研修で用いていることが多く、「こころの天気図」（週間）や「こころの天気図」（1ヵ月）は、職場復帰を目指す対象者たちのグループワークなどで用いています。後者の2種類のワークシートは、職場復帰に向けて負担の少ない程度で作業をする（書く）ことを習慣化することもねらいのひとつとして組み入れています。自分自身を観察（セルフモニタリング）し、自分の傾向に気づくとともに、「こころの天気図」（週間）では、徐々に夜型などから抜け出そうと意識を向けていきます。「こころの天気図」（1ヵ月）は、睡眠時間（睡眠時間帯）に力点を置くとともに、小さなことであっても物事を肯定的に受けとめられるように認知行動療法の観点を組み入れています。

　この2種類のワークシートは、グループワークに参加する際に記入したワークシートを持参していただく方法をとり、参加仲間と会話をしたり、了解を得た参加者のワークシートを講師ファシリテーターが中心となって解説（分析）しています。また、研修以外の活用法としては、休職者とカウンセリング（メール・カウンセリング）時に会話のツールとして活用したり、職場復帰を目指そうとし始める際に自己管理のために用いたりしています。

ここでは、「こころの天気図」（ストレス反応時）を取り上げます。
①記入事例にならって、ここ1週間ほどの出来事を思い浮かべます。例えば、晴れ☀＝気分良好・活気あり、曇り☁＝やや抑うつ、雨☂＝憂うつで最悪な気分、晴れ時々曇り＝気分は穏やか・活動意欲はイマイチなど、参加者の主観で書き綴ってください。天気の内容にこだわり過ぎず気軽に書き始めてください。
②気分は、最高の状態を100、最低の状態を0として、考え過ぎずに記入します。気分の変化は、対応前からの気分がどのように変化したのかを点数で記入します。気分差には、気分の変化の差を記入します。これはどれだけ効果的だったかを示す数値ですから、あとになって、ふりかえる際に、たいへん参考になる欄です。

ふりかえり&ポイント

①書き終えたら、ペアもしくは3名ほどで、シェアします。話し手と聞き手を順に繰り返します。
②聞き手は、話し手の内容に気づいたこと、感じたことなどをフィードバックします。
③相手の話の内容から、自分にヒントとなることがあれば、お互いに「もらい合う」ことをおすすめします。ストレス対処法は数限りなくあり、講師から一方的にリラクセーションの方法を伝えたり、アイデアを提供するのではなく、参加者間でもらい合うことの方が能動的で、結果的に研修終了後に活かし続けている可能性が高いように思われます。そのため、筆者は多くの機会を利用して、参加者間で学び合う、活かし合う、もらい合う時間を創造しています。
④最後に、「書く」という行為をしてみた感想をグループで短時間話し合ってもらい、全体でシェアするようにこころがけています。「書く」ことの効用を実感できれば、研修後も活用頻度が高まるからです。

　書き出すという作業は、自分の気持ちを整理することに役立ちます。モヤモヤとして気分が落ち込んでいるときに、こころにひっかかることを書き出すことで、自分が陥っている状態を整理し、把握することができます。
　このワークの際、参加者から、「へぇーそうだったのか、わかっていそうでわかっていなかったなぁ」という独り言のような感想が部屋のあちこちで聞かれます。
　ある企業では新入社員研修の2週間、新入社員は日誌を書くことが義務になっていました。ただ、罫線が引かれているだけの日誌を見て、次年度から「気分」のメモを盛り込むように提案をしました（弊所が担当する3日間の新入社員研修では、半日ほどセルフケアの講義を組み入れています）。新入社員は、学生から社会人へ移行する大きな転機にあり、かなりのプ

Mental Health

レッシャーを感じているからです。「気分」のメモをもとに人事担当者や産業保健スタッフが経過を見守り、早期のサポートに活かしています。「気分」のメモを組み入れたことで、人事担当者もただ日誌を読むという行為から、「気分」メモの話題を翌日に会話に活かす（個人情報を遵守しつつ）など工夫が芽生え、より親密な関係になったという感想をいただきました。

　自分の感情を文字に置き換える過程で、私たちは無意識に「外の目」を使います。「外の目」で自分を捉えると、客観的に物事が判断でき、自分と距離を置いたところから見つめてみます。そうすることで、悩んでいる自分を厳しく裁いたり、叱責したりせず、ありのまま受け入れ、大切にする姿勢が芽生えてきます。その結果、何をすべきかが明確になり、解決への糸口を発見できることもあります。

　また、自分のスランプの周期を把握していれば、気分が落ち込んだときにも、「またいつものスランプだな」と考えて、悲観的にならずにすみます。

　SOSのシグナルに早く気づけることで、自分の力でストレスに陥りやすいいつものパターン、あるいは出来事や思考の連鎖を断ち切ることが可能となります。

　ストレスがたまってしまう前に、日頃から自分自身のシグナルを察知するアンテナを磨く習慣を身につけておきたいものです。

　なお、本ワークシートは、本来、ストレスを生じた際に、あるいは対応をした直後に記載するものです。そのため、参加者分の未記入のシートもあらかじめ用意しておき、日常の中で、コピーをしながら、「書く」という習慣づくりをするように推奨します。

●「書く」ことの効用

悩みや不安、ストレスを書きとめることには、以下の効用があります。

効用1：整理される

　頭の中だけで物事を考えていると、同じことを何度もグルグル考えてしまい悪循環に陥ってしまいます。イライラするシグナルの人は、いつものようにイライラして、人間関係を悪化させたり、ミスや事故を起こしたり、日頃の癖から抜け出すことができません。紙に書くことで、理性が働き、紙と自分との間ができ、頭の中が整理されます。

効用2：気持ちが落ち着く

　例えていうと、書くという行為は、グルグルと糸が絡んでいる頭（脳）を、自分から切り離して、机の上に置く（切り離して見る）イメージです。自分から切り離すことで悩みや不安と距離ができ、気持ちが落ち着きはじめます。

効用3：客観的に見ることができる

　筆者はまさにいま、この原稿を書いているわけですが、頭の中で「ああしよう、こうしたい」などと思い浮かべていることを文書にすることにより、「この表現よりも、こちらの言い回しの方がよいかな」などと、読者からの立ち位置で自分の文章を読み返すことができます。

効用4：自己理解が深まる

　書くという行為は、文字になって形に残っているため、「自分は○○な傾向があるんだなぁ」「□□の場合、自分は◇◇で対処している癖があるなぁ」と書き綴ったことを確認することで、自己への理解が深まります。

効用5：ふりかえられる

　データ（ワードなどで入力した場合）や紙（ワークシートに記入した場合）として残っているため、あとになってふりかえることができます。「人間関係で不安になったときは、その不安を仲間に話すことで楽になれたんだなぁ…」「仕事がたまるとイライラしがちだけれど、その場合、スポーツなどでからだを動かすことが自分には向いているんだったっけ」など、ストレス気分への対応が効果的ではなかったとしたら、過去をふりかえることでヒントが見えてきます。その意味では、データとして残しておくことも有効です。

効用6：新しい発見がある

　シートに書き出すことで、因果関係が見え、そこから、新しいアイデア「ストレス気分への対応」が想像されることがあります。ストレス対処のレパートリーが広がるということは、自分をストレスから守るレベルが高まることを意味します。

効用7：アイデアを求めようとする

　不思議なことですが、頭の中だけで考えていると、「わからないからもうやめた」などと簡単にあきらめてしまったり、結論を先延ばしにしたりすることでも、とりあえず書くという行為をしておくと、対応策を見つけようとするものです。筆者は本ワークシートを書き始めたころ、ひとまず「ストレスを感じた出来事とSOSシグナル」を書いておくと、右の欄が空欄のままであることが気にかかり、「ストレス気分への対応」をとらずにはいられなくなりました。もちろん、そのことが過度なプレッシャーとなり、新たなストレスになるのであれば、効用とはいえませんが、対応後は達成感や満足感を覚えました。

　筆者は日頃から次のような疑問を抱いています。メンタルヘルスというと、多くの企業が管理職を対象とするラインケアから取り組もうとすることです。もちろん、管理職が真っ先にメンタルヘルスに関する知識を得て職場に浸透させ、早期発見＆早期治療の要となって欲しいというねらいは理解できます。ところが、管理職の本音は、「また面倒なことが増えるなぁ」と、負担ばかり増えることに強い抵抗を示されます。杓子定規のように正論ばかりを伝えても、職場で機能しなければ意味がありません。

　筆者はラインケアの前に、必ず、セルフケアをていねいにお伝えします。管理職だからこそ、多くのプレッシャーやストレスに悩まされていることに理解を示し、「（ラインケア）もっとも負担の多いみなさんにさらなる負担を強いてしまいますね。だからこそ、その前にみなさんご自身のこころのケアのコツ（セルフケア）をお伝えさせてください」と言葉や気持ちをそえながら取り組んでいます（部下を持たない人よりも、部下を持つ人の方が10％ほど、強い不安やストレスを感じるというデータが厚生労働省の調査からわかっています）。

　繰り返しになりますが、メンタルヘルスの基本はセルフケアです。そして、セルフケア

Mental Health

の出発点は、「いつもとの違いに気づく」ことです。そのためには、管理者自身が「いつもと違う自分に気づく」という習慣を身につけることが先決です。自分自身に鈍感な管理者が部下の「いつもとの違い」に気づくことなど困難だからです。日頃から、自身のこころの健康にアンテナを立てる取り組みが、部下のこころの健康への関心につながります。だからこそ、ラインケアの前にセルフケアを徹底すべきではないかと思い、率直に提案しています。

管理職である上司がストレスをため込めば、そのストレスの矛先は弱い者に向かう可能性が高いものです。そして、その一部はパワハラとして顕在化します。

管理者自身が日頃から自分のシグナルに気づく習慣（セルフケア）こそが、ラインケアの出発点です。いきなりラインケアの研修を主催し、さらなる負担を強調する前に、管理者自身のこころの健康管理を気づかい、さらなる負担を強いることへ配慮する姿勢が彼らの抵抗を軽減するのではないでしょうか。

ワークシート❶

こころの天気図（ストレス反応時）

氏名

日時	ストレスを感じた出来事	SOSシグナル	天気	気分	ストレス気分への対応	気分の変化	気分差
（例）2／9	商品企画のアイデアがなかなか浮かばない	イライラ	☁	30	友人に悩みを聴いてもらった	30→60	30

天気の記入例…☀・☀☁・☁・☁☂・☂・⚡
(注) ストレスを感じたそのときに書くようにしましょう。同じ出来事や気分であっても、ストレスを感じたときは何度でも記入して見比べてみましょう。

Mental Health

ワークシート❷

こころの天気図（週間）

年　　　　　　　　　氏名（　　　　　　　　）

時間	（月） /		（火） /		（水） /		（木） /		（金） /		（土） /		（日） /		
	実際の行動	天気	実際の行動	天気	実際の行動	天気	実際の行動	天気	実際の行動	天気	実際の行動	天気	実際の行動	天気	
6〜7															
7〜8															
8〜9															
9〜10															
10〜11															
11〜12															
12〜13															
13〜14															
14〜15															
15〜16															
16〜17															
17〜18															
18〜19															
19〜20															
20〜21															
21〜22															
22〜23															
23〜0															
0〜1															
1〜2															
2〜3															
3〜4															
4〜5															
5〜6															
1週間の ふりかえり （気づいたこと）															

ワークシート❸

こころの天気図（1ヵ月）

日時	睡眠	天気	良い出来事	メモ	0	1	2	3	4	5	6	7	8	9	10	11	12	13	14	15	16	17	18	19	20	21	22	23
例	7	☀	散歩に出かけ、春風が心地よかった	久しぶりに勤務時と同じ時間帯に寝起きできた																								
1																												
2																												
3																												
4																												
5																												
6																												
7																												
8																												
9																												
10																												
11																												
12																												
13																												
14																												
15																												
16																												
17																												
18																												
19																												
20																												
21																												
22																												
23																												
24																												
25																												
26																												
27																												
28																												
29																												
30																												
31																												

今月の感想

Mental Health

ストレスと価値観の関係

　ストレスは個人の価値観や信念と関連していることが多いものです。同じ出来事であっても、感じ方が異なるのはこのためでもあります。

　例えば、人間関係を大切にしたいと願う人にとって、ぎくしゃくした職場の人間関係は耐えがたくストレスをためますが、人間関係に関心のない人はさほど気になりません。

　もし、いまあなたがストレスフルに感じているとしたら、それはあなたにとって重要な事柄といえます。それはどのように重要なのか、どれくらい大切なのかを考えることによって、ストレスを乗り越えるヒントになる新たな"気づき"が得られるかもしれません。

　職場復帰のためのグループカウンセリングにおいて、キャリアをふりかえる機会を設けています。ワークシートに、入社してから今日までの出来事や、そのときどきの感情の流れを曲線で表現してもらいます。

　充実（満足）していた時期の曲線は山に描かれ、落ち込んだり、ストレスを抱えていた出来事は谷に位置します。

　書き上げた後、一緒にシートを翻訳します。山は自分が大切にしていることが満たされていたときであり、谷は自分が大切にしている何かが満たされていなかったときといえ、そこから自分自身の価値観を読み取ることができます。

　価値観は、私たちの感情の動きを察知するアンテナのような役割を果たしてくれるため、価値観を理解しておくことはストレスのコントロール感を高めます。

　もしも、あなたの周囲に、なぜこれくらいのことで悩んでいるのだろうという仲間がいたとしても、その事柄はその人にとって重要なことなのです。場合によっては、悩んでいる本人がその重要性に気づかず、「こんなことくらいで」と自分を責めているかもしれません。そのときには、その重要性の意味を一緒に考えてあげられる存在でいてください。

仲間の SOS を見逃さない

　頬についたご飯粒に自分では気づかないように、実はストレスも自分以上に相手の方がわかりやすいものです。

　「精神状態など、専門家でないからわからない」という意見を聞くことがありますが、逆に専門家であっても、日頃の様子がわからないために、状況の把握に手間取ることがあります。気づきが早いほど対応がとりやすく、大きなトラブルを回避できることが少なくありません。

　ポイントは、日常生活の変化に気づくことからはじまります。不安や悩みを抱えている人は、行動や言動に変化が現れます。「遅刻や欠勤が多くなった」というような誰もが気づ

く変化もあれば、「ため息が多くなった」「タバコの本数が増えている」など、普段から関心を持って相手を見ていないと気づかないようなところに変化が現れることもあります。

　これらは、不安や悩みを抱えている人が出しているSOSのサインです。周囲がこのようなSOSのサインをできるだけ早く察知し、読みとることが早期対応につながります。

　しかし、相手に関心のない人は、その人が多少いつもと違う行動をとっていたところで、なかなかその変化に気づくものではありません。ですから、日頃から周囲の人に関心を持って接することが大切なのです。毎朝のあいさつや電話連絡のときなども、表情や態度、声のトーンなどに気をつけて、変化を感じる意識を持つようにこころがけてください。

Mental Health

📖 ワーク❸ ： ストレスチェック（他者評定）

✏️ ワークのねらい

　セルフケアは、「自分の健康は自分で守る」というスタンスが基本ですが、職場において、ひとりでもメンタルヘルス不調者が出てしまうと、周囲の負担が増し、職場全体が悪影響を受けます。そのため、上司・リーダーであれば部下を、部下であれば、同僚の健康にも関心を向け、互いにこころとからだの健康に努めたいものです。
　本ワークでは、チェックリストを用いて、ひとりの仲間のストレスチェックを実施し、どのような観点を観察すべきか、そのヒントを習得します。

✏️ 進め方

①職場において身近な仲間をひとり想定します。上司・先輩であれば、部下・後輩を、後輩も同僚もいない参加者は配偶者や家族を想定します。
②以前にはそうでなかった（いつもと違う）該当箇所があれば、チェックをします。

✏️ ふりかえり&ポイント

①チェックリストの評価は、以下の通りです。
　　1～3：正常
　　4～7：軽いストレス（休養、リラックス）
　　8～15：ストレス（医師に相談）
　　16～20：強いストレス（要治療）
②チェックが終わったら、最下段に相手の立場に立って必要なサポートを記載します。
③どのようなサポートができるかというリソースは、アイデアがたくさん欲しいものです。そのため、わずかな時間であっても、グループでどのようなサポートのアイデアを記載したのかをわかち合います。

　「いつもと違う変化」は、日常の行動だけでなく、仕事の成果にも現れます。気分が良いときや楽しいときには、頭の回転やからだの動きなどの活動レベルが上がるため、新しい発想もどんどん湧いてきて、仕事の能率も上がります。逆に気分がのらないときには、仕事を

するにもおっくう感が強く、ぐずぐずして時間がかかってしまいます。そういう自分に腹が立ち、ミスやエラーをしたり、ちょっとした物忘れをしたり、精神的なゆとりがなくなってしまい、結果として事故につながることがあります。

つまり、仕事の成果にマイナスの変化が現れたとき、その人の感情は不安定な状態であると考えることができます。いつになく仕事の能率が悪い、期日までに仕上がらない、ミスやエラーが多いなどに気づいたら、それは相手からのSOSのサインである可能性があります。こういうときは、いつも以上に相手に注意を向けてください。

厚生労働省の調査結果（平成25年）によると、「仕事や職業生活に関する不安、悩み、ストレスについて相談できる人」のトップは、家族や友人です。また、メンタルヘルス協会の調査結果によると、上司よりも同僚に相談することの方が1.5倍ほど多いという結果も紹介されています。そのことからすると、ラインケアにより上司の教育を強化することは価値のあることですが、同時に同僚が上記のストレスチェックの内容などを参考にしながら、「いつもとの違いに気づく」ことが早期発見＆早期治療に関して、効果的な取り組みではないかと考えています。

同僚が仲間の変化に気づき、「このところ疲れているようだけど、何かあったの？」とか、「最近、落ち着きがないように感じられるんだけど、気のせいかな？」などと声をかけ、相談にのるといったことができれば、理想的ではないでしょうか。その意味では、管理職にラインケア研修を実施するだけではなく、すべての階層にラインケアの面接のスキル（下図参照）をセルフケアの研修にも組み入れる必要性を痛感します。そのため、予算がとれれば、従業員全員へのセルフケア研修（2時間から3時間程度）を提案しています。

シグナルに気づいたら、次の段階はストレスに対処することです。次にストレス対処法をいくつか紹介します。繰り返しになりますが、ストレス対処法は、ストレスの予防にもなります。ストレスがたまったから実践しようという後追いばかりでなく、ストレスがたまりにくい自分づくりのためにも、日頃から取り入れていただくことを、ぜひおすすめします。

同僚への声かけサイクル

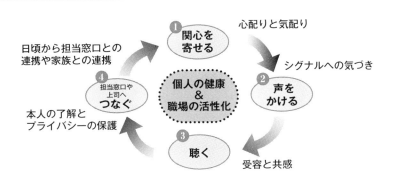

Mental Health

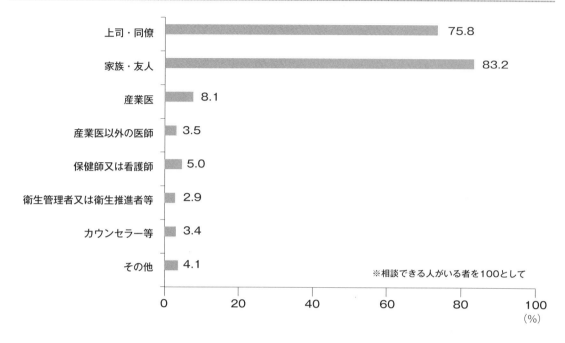

仕事や職業生活に関する不安、悩み、ストレスについて相談できる人（複数回答）

厚生労働省：労働安全衛生調査（実態調査・平成25年）―メンタルヘルス関係の概況―

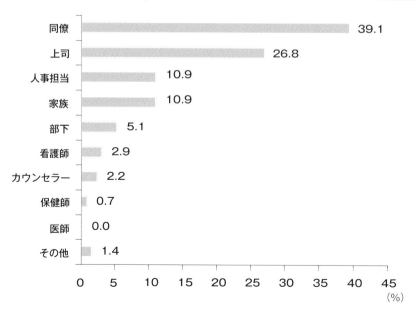

悩みをもっている人に気づくのは誰

メンタルヘルス協会：精神衛生に関する意識と現状についてのアンケート調査報告書

ワークシート

ストレスチェックリスト（他者評定用）

（　　　　　　　　さんについて）

最近1ヵ月〜2ヵ月を振り返って、"いつもと違う"と思われる箇所があれば、チェックをしてください。

- ☐ 1. 表情に生気がない
- ☐ 2. なんとなく元気がない
- ☐ 3. 会議や仕事中に眠そうにしている（目の隈が目立つ）
- ☐ 4. 体調を崩していることが多い
- ☐ 5. 疲れがとれない（からだがだるそう）
- ☐ 6. 話しかけてもすぐ返事が返ってこない（反応が鈍くなっている）
- ☐ 7. 消極的（悲観的）な発言が増えた
- ☐ 8. 仕事をするのがおっくうそう
- ☐ 9. ぼんやりしている（ボーッとしていることがある）
- ☐ 10. カッとすることがある（怒りっぽい）
- ☐ 11. つきあいが消極的
- ☐ 12. イライラしがち
- ☐ 13. 落ち着きがない（貧乏ゆすりが多い）
- ☐ 14. 口数が減った
- ☐ 15. 仕事の能率が落ちている
- ☐ 16. 笑顔が少ない（笑い声が少ない）
- ☐ 17. 額にたてジワを寄せている
- ☐ 18. 身だしなみを気にしない（女性であれば、化粧気がない）
- ☐ 19. 自信がない
- ☐ 20. 無気力（やる気がない）

相手に必要と思われるサポート

Mental Health

ストレス対処法① 積極的な"休養"のすすめ

　ビジネス環境の変化や競争の激化といった環境下において、私たちは常にプレッシャーやストレスと隣り合わせにいます。ストレスのシグナルに気づいたら、ストレスへの対処をすることです。

　あなたはどのようにしてストレスを解消していますか？　また、ストレスをため込まないために、どのような工夫をしているでしょうか？　最近は、休日にテレビを見ながら、ゴロゴロするという方が多いようです。確かに、こころもからだも疲れきってしまって何もする気力がないという場合は、ゆっくりすることが大切な休養となります。しかし、何もしないでいるだけで、果たして本来のストレス解消になるでしょうか。

　筆者は、テレビを見ながらゴロゴロしていても、こころの中は仕事のこと、スタッフやお客様のことばかりが思い浮かび、からだはゆっくりしていつつも、こころはザワザワと波を打ち、忙しく動いています。時には、ゴロゴロしている一日を悔やみ、自分を責めるもうひとりの自分が存在することもしばしばです。

　本来、"休養"とは字の通り、休むことと養うことです。こころの安らぎや充実感が味わえる趣味などの活動や、気持ちのいい汗をかくスポーツなどによってリフレッシュしたり、体力を鍛えたり、また知性や感性を磨き教養を身につけることによって精神力を培うといった、心身両面における広い意味での"養う"ことがあってこそ、本当の"休養"といえます。

　『釣りバカ日誌』のハマちゃんは、仕事ではうだつが上がりませんが、釣りのこととなると右に出る者はおらず、釣り人生を謳歌しています。自分という存在を会社以外でも感じられる場所や機会があると、仕事上の悩みは自分をすべて占拠してしまうものにはなりません。それは、心理的な余裕となり、その余裕があることで、悩みに対しても極度に臆することなく、向き合えることになります。

ストレスへの対処法

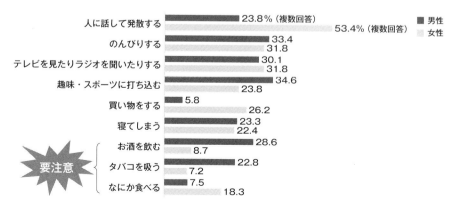

厚生労働省「保健福祉動向調査」(2000) より

ストレス対処法② "楽しい"をプレゼントする

　私たちは、やりたくもないことをやらされているときは、すぐに疲れてしまいますが、好きな趣味に没頭したり、楽しいと感じて行動した後は、意外と疲れを感じないものです。

　私たちは楽しいことがなくなると気が沈み、落ち込みます。また、落ち込むと趣味や娯楽に興味がなくなります。これを良い循環に変えるためには、楽しいことを増やす仕掛けを創ることです。

　趣味に熱中すると仕事でのストレスと距離をとることができ、趣味を通して、人間関係の幅を広げることができます。

　「喜びや感動は最上の休養」といわれます。毎日とはいかないまでも、休日には、自分が「楽しい」と感じられる体験を組み入れたいものです。

　趣味を持つといっても、ストレスを解消するために…などを名目にしているうちは、まだまだその本質に迫ったとはいえません。心理学者の宮崎音弥さんは、"遊び"について「他から強制されず、他の目的の手段ではなく、それ自身が目的として行われる行為」と言っています。ストレス解消すべきと言い聞かせて旅行へ出向いても、それはストレス解消にはならないものです。「ストレス解消に趣味でもつくるか」ではなく、熱中することが楽しくてたまらず、時間が空けば自然に手足が動き、頭の中が勝手に切り替わってゆく、そんな具合に趣味を捉えたいものです。

　カナダの心理学者エセル・ロスキーズが「1日に1個のりんごが医者を遠ざける」という言葉をもじって、「1日にひとつの楽しみがストレスを遠ざける」と言っています。

　あなたは毎日、何かひとつ楽しみを自分にプレゼントしていますか？　陽のあたるテラスでコーヒーを飲むこと、数分間好きな音楽を聴くこと、親しい人としばらく電話で話すことなど、『楽しい』をプレゼントすることはストレスの予防に欠かせません。もしその時間がなければ、無理にでも捻り出しましょう！

ストレス対処法③ コントロールできないことは悩まない

　元大リーガーの松井秀喜さんは、「野球は失敗のスポーツだ！バッターは3割打てば一流と言われる。成功3割、失敗7割のスポーツだと考えられれば気持ちがずっと楽になる」と考えて、感情をコントロールし、バランスを保っていたそうです。

　ライバルの成績は自分でコントロールできないものなので、それに関して悩み苦しんでもしかたありません。逆にコントロールが可能な自分のことのみを考えることで集中力が増します。タイトル争いという周囲からの余計なプレッシャーを振りほどき、自分にとって最高のパフォーマンスを出せるように自分自身のことだけに集中してプレーをすることで、結

Mental Health

果がついてきます。

　自分以外はコントロールできないことばかりです。時間、他人、世の中、どれも思い通りにはなりません。コントロールできるのは、自分の行動や態度、考え方などだけです。だからこそ、自分にコントロールできないことは悩まないでおきましょう。

　筆者はあまり決断することに悩むことがありません。もし間違っていたら、引き返せばいいと思っているからです。長い時間をかけて考えても結論はそう大きく変わりません。だったら早く歩き出した方が、引き返す時間がたっぷりとれます。そして、それが自分自身のゆとりとなります。

　多くの人は、自分の投げたボールがどこへ飛んでいくか（結果）ばかりを気にしているように思えます。筆者は納得してボールを投げたらあとはあまり気にしません。結果ばかり気にすることよりも、歩み出した自分の納得感を大切にしているからです。

　人生、全戦全勝なんてありえません。人生は5勝4敗1分けくらいがちょうどいいと思うのです。そうすると4敗1分けできるというゆとりが生まれます。また、その分、人に優しくなれるような気がします。

神よ
変えることのできるものについて、
それを変えるだけの勇気をわれらに与えたまえ。
変えることのできないものについては、
それを受けいれるだけの冷静さを与えたまえ。
そして、
変えることのできるものと、変えることのできないものとを、
識別する知恵を与えたまえ。

ニーバーの祈り（米国の神学者：ラインホルド・ニーバー作）

ストレス対処法④ 悩みタイムの創設

　筆者はメンタルヘルスの講演で、『悩みタイム』の設定と『こころの線引き』のアイデアをお奨めしています。

　『悩みタイム』とは、毎日同じ時刻、同じ場所で悩むように、悩む時間を設定するアイデアです。

　悩みやフラストレーションを感じたら、悩みタイムまで先送りするために、悩みの内容を紙に書き、悩みタイムになるまではそのことを忘れてしまいます。設定した時間になった

ら、自分の悩みに全神経を集中させ、終了したらその場を離れ、悩みのことはきれいさっぱり忘れます。

　このアイデアは、先延ばしするだけのテクニックですが、悩みの大半は悩みタイムを迎えるまでに消えてしまっています。

　私たちは、職場のストレスを家庭に持ち込み、家族に八つ当たりするなど、ひとつのストレスが次のストレスを誘発させてしまうことがしばしばです。そういった悪循環を断ち切るアイデアとして、『こころの線引き』をおすすめしています。例えば、夫婦で旅行に出かけるときには、日常の出来事は自宅に置いていきます。玄関を一歩出たら、わが家のことはふりかえらないようにします。いくら気がかりなことがあっても、それはわが家に帰宅してから思い出せばいいことですから。旅行先で新鮮な想いを回復させるためにも日頃の生活の延長を持ち込まず、新鮮な感動や体験を満喫します。

　他には、焦って考えても仕方ないときや、考えがまとまらず堂々巡りをしているときなどは、読書に熱中したり、凝った料理に取り組むなど、何かに一点集中してみましょう。集中することで、頭を占領している感情や考えを別のもので満たすことができます。特に何かを制作する行為は、その結果を具体的に目の前で実感することができるので、達成感や満足感も味わうことができます。あなたのライフスタイルや状況に合わせたことを取り入れていただけることを願っています。

Mental Health

ワーク❹　時間の有効活用

ワークのねらい

ベンジャミン・フランクリンは、時間の大切さについて、「生命を愛するなら時間を浪費するな。時間こそ命を作り上げる原料である」と述べています。

一日の時間は誰にとっても24時間です。しかし、この24時間をダラダラと非効率的に使うか、テキパキと能率的に活かしきるかによって、何カ月後あるいは何年後かには、おおきな差が生じるのです。

時間を上手にコントロールすることは、セルフケアの重要なポイントといえます。

進め方

イタリアの経済学者V.パレートが1897年に発表した経験則で、私たちの仕事の「上位2割の要素が、全体の8割を占める」というパレートの法則をご存知でしょうか。このことは、重要な2割の要素をキチッと押さえることが重要であるということを教えてくれています。

では、時間の優先順位づけに関して、表をもとに考えてみましょう。(ワークシート①を配布)

Ⅰの領域は、緊急度も重要度も高い活動の領域です。クレーム対応や商談、資金繰り、締切仕事など即時の対応を要し、しかも重要な結果と結びついている活動の領域です。

Ⅱの領域は、重要だが即時の対応を必要としない活動の領域です。事業計画書作り、人材確保と育成、製品開発、新事業参入、後継者の育成、クレーム再発防止対策、自己啓発、ストレスの解消や予防、健康維持管理、家族やパートナーとの対話など、質の高い活動がこれに含まれます。重要であることは誰もが認識していますが、緊急ではないため行動を起こすにはそれなりの決意をともなう活動の領域です。

Ⅲの領域は、緊急度は高いが重要ではない活動の領域です。緊急性ゆえに重要な活動と錯覚しがちですが、結果的に他者の期待に応えるだけで本人には重要な結果がもたらされることの少ない活動の領域です。

Ⅳの領域は、緊急でもなく重要でもない活動の領域です。レポートを作成しようと予定していた時間をたわいもない長電話に費やしてしまったというような浪費した時間がここに分類されます。

「さて、みなさんの日々の活動は、どこの領域にどれくらい費やされているでしょうか？」と問いかけて、ワークシート①に、日々の業務や出来事を各領域に記入するように促します。

ふりかえり&ポイント

①記入し終えたら、ペアで話し合い、Ⅰ〜Ⅳのどの領域にどのような業務が記入されているか、お互いに会話をしながらふりかえり合います。
②次に各領域にどれくらいの時間を費やしているかをパーセントで把握し、グループで語り合います。
(③時間や対象者により、「先延ばしの損得勘定（ワークシート②）」を実施する場合があります)
表をもとに日常をふりかえってみると、次のことに気づいたのではないでしょうか。
・わたしの日常の大半もしくはすべて「Ⅰ」「Ⅱ」「Ⅲ」の領域に費やされている。
・パレートの法則からすると「Ⅱ」の領域は、とても大切であり、また、自分の将来を創り出すものであるにもかかわらず、ほとんど時間が割かれていない。

時間を上手にコントロールし、忙しいながらも、心安らかな日々を送るためには、優先順位を見極め、出来事のそれぞれに進路をつけることが必要です。「Ⅰ」の領域の活動を効率的にこなし、「Ⅲ」を回避・委譲し、「Ⅱ」を長期目標化しなければなりません。

私たちに変化と成長を促す活動領域は、「Ⅱ」の活動領域です。この「Ⅱ」の領域をいかに意識的に時間に組み入れるか、そのことが私たちの充実感や達成感を育て、セルフ・エフィカシー（自己重要感）を高めることにもつながるのです。

また、時間管理とともに、身の回りの整理整頓もストレスを予防する上で大切なことです。「重要な書類が見当たらない」「必要な資料がすぐに出てこない」といったストレッサーを自ら作り出さないためにも、整理整頓やファイリングにもこころがけなければなりません。ただし、「完璧に整頓しなければ…」などと考えないことも大切です。

「計画のために費やされた時間は最も生産的な投資です」（P. ドラッカー）
「時間を気にすることをやめる最上の方法は時間割をきちんと作ること」（レアード）

私たちは皆、緊急で重要なことがらを処理するために「Ⅰ」の領域に時間を費やしていますが、これは日々の生活では避けられないことです。私たちの周りには常に、直ちに対処せねばならない危機、対応が必要な緊急の問題、守らねばならない締め切り、出席しなければならない会議、応対しなくてはならない電話などがあります。

しかし、「Ⅰ」の領域に大半の時間を費やしていては、過剰なストレスにさらされてしまいます。「Ⅰ」の領域にどっぷりつかっていると、常に緊急事態への対応に追われている人によく見られるストレスや燃え尽き症候群などに苦しむかもしれません。問題が徐々に大きくなっていき、ついにはそれに支配されるようになってしまいます。この状態になると多くの人は、毎日緊急の問題に攻めたてられ、ホッとできるのは「Ⅳ」の緊急でもなく重要でもない行動に逃避したときだけという状態に陥ります。このような人は「Ⅰ」の領域で大部分

Mental Health

の時間を過ごし、残りの時間を「Ⅳ」の領域で過ごすため、「Ⅱ」の領域にはほとんど注意を向けなくなりがちです。

「Ⅰ」の領域の割合が多い場合、自分の活動をよく検証し、どうしても避けられないものと、自ら招いているものとを見分ける必要があります。緊急中毒になっている人は、次から次に危機がやってくることが当たり前だと思いがちです。自分がそれを招いていることに気づけば、このような自滅的な習慣から抜け出すことができます。緊急中毒になっていない人も、「Ⅱ」の領域に費やす時間を増やし、計画、準備、予防を行って重要な事項が緊急性をおびないようにすることによって、危機の多くを避けることができます。まず、「Ⅱ」の時間を新たに増やすには、「Ⅲ」や「Ⅳ」から移動させるしかありません。「Ⅰ」の緊急で重要な活動を無視することはできないので、重要でない活動が属する領域から時間を移動するしかありません。

その後、重要な活動が緊急性をおびないよう計画・予防するため、「Ⅱ」の領域に費やす時間を保つ習慣を保つことが大切になります。

「Ⅱ」の領域は、計画、準備、危機予防、価値観の明確化、人間関係の構築、健康の維持管理、自己啓発、他人へのエンパワーメント、自分が選んだ方向に人生を進めるための領域です。あなたの注意が「Ⅱ」の活動に向けられているなら、あなたの人生は、ビジョンと展望、方針、コントロール、そして達成感に満ちたものとなるでしょう。バランス良く、充実し、危機もストレスも少ない人生となります。

「Ⅲ」の領域は、仕事を持つ大半の人が多くの時間を費やしていがちな領域です。一般的に、誰か他の人にとって重要でも、あなたにとっては重要ではない活動です。「緊急」という雑音のせいで、それが重要であるという幻想を抱かせるため、実際には「Ⅲ」の領域であるのに「Ⅰ」の領域の活動をしていると錯覚してしまうことが多く、忙しいわりには生産性が上がりません。多くの電話、会議、突然の来訪者、報告書はこの領域に入ります。また、他の誰かの優先順位や期待に応えるための活動もこの領域に分類されます。「Ⅲ」の活動ばかりに時間をとられていると、自分が不当に苦しめられ、自分では事態を制御する力がないと感じがちです。自分にとっては重要でないのに、「今やらねばならない仕事」ばかりをやらざるを得ず、フラストレーションがたまり、怒りすらこみ上げてくるかもしれません。このフラストレーションは、こうした活動のために、あなたが「Ⅱ」の領域に費やせる時間が奪われ、自分にとって本当に重要なことができないためにさらに悪化します。「Ⅲ」の領域の活動にばかりに気をとられていると、短期的にしか人生を見られなくなり、目標や長期的な計画を意味がないものと考えがちになります。

「Ⅲ」の領域の割合が多い場合、重要なことと重要でないことを区別する必要があります。他の誰かにとって緊急性があり、終わらせねばならない仕事は、重要だと思いこみがちですが、実際はあなたにとっては重要でないこともあります。また、緊急というだけで重要な仕事であると考えがちですが、そうした前提は間違っていることが多いものです。その違いを

見分けられるようになる必要があります。それをすばやく見分けるには、この緊急の仕事が重要な目的にとって役立つだろうかと自問してみることです。答えが「No」の場合は、その仕事は「Ⅲ」の領域に属するものだと考えられます。また、あなたのところに「Ⅲ」の領域の仕事を持ち込む人や、そのような状況を押しつけようとする環境に対して「No」と言えるアサーティブ・コミュニケーションを身につけましょう。

「Ⅳ」の領域で大部分の時間を過ごせる人はほとんどいませんが、「Ⅰ」や「Ⅲ」の領域の忙しさや厳しさから逃れる場として一般的な領域です。「Ⅳ」の領域で過ごす時間は、意識的に「Ⅱ」の領域に振り分けることが大切です。そのためには、トレーニングやスポーツをしたり、視野を広げる読書をするなど、何らかの形であなたがリラックスしたり、リフレッシュしたり、自己啓発するのに役立つ、あなたにとって重要で、かつ緊急ではないことを行うことがコツといえます。

― Time is Life ―

・基本戦略が確立されていること
・予定を組む
・やるべきことを書きとめる
・前日の終わりに次の日の準備をする
・考えても仕方のないことは考えない
・スピード処理による時間管理をする
・常に「今、一番うまく時間を使っているか」自問自答をする
・時間管理のテクニックを身につける
・中心思考の活用
・いまやるべきかを確認する
・その場で結論を出すことができるときには、その場で決断する
・焦らずに長期的に最大効果が出るように
・頭を使う
・効率的な行動をとる

Mental Health

ワークシート❶

時間の有効活用

		緊　急　度	
		緊急である	緊急でない
重要度	重要である	Ⅰ	Ⅱ
	重要でない	Ⅲ	Ⅳ

ワークシート❷

先延ばしの損得勘定

　私たちは、頭ではやらなければいけないと思いつつ、なかなか着手できない（着手しようとしない）事柄が多いものです。他のことをやっていても、気になっているため、そのことが脳裏から離れません。時には、もうひとりの自分が「あれをやらなきゃ！」という厳しい叱責をしたり、「あれをやったの！」とせきたてたりもします。

　ここで、あなたが先延ばしにしていることの損得を書き出し、客観的に見つめてみましょう。

　先延ばしにしていることを列挙してみましょう。

　次に上記の中から、重要度が高く、緊急度の低い活動を1項目取り上げ、下の表に、取り上げた項目を先延ばしにしておくことの利点と不利点を記入し損得を検討してください。（友人の立場になった気分で客観的に）

利　　　　点	不　利　点
点数：_____	点数：_____
結果：利点と不利点を比べてどちらがまさっているかを全体を100として表しましょう。	

　いかがでしたか。客観的に点数を配分してみると、先延ばしにする利点というものがいかに少ないかに気づいたのではないでしょうか。

ストレス対処法⑤ ムダなストレスをため込まないために

「友人にメールを送ったが、何日たっても返信がない…」例えばこんなとき、「嫌われたのでは？」「自分とメールしたくないのでは？」と推測し悩んでしまうことがあります。ところが後で、その友人はとても忙しくて、返信する時間の余裕がなかったり、メールチェックできなかっただけだとわかったりします。このような思い込みや推測によって、無駄なストレスを抱えていないでしょうか？

ストレスを抱えているときというのは、ネガティブになる傾向があります。気分良く過ごしているときは同じようなことがあっても、「最近、忙しいの？」「何かあったの？」と友人に気軽に電話できます。しかし、ストレスなどで元気がないときは、こころに余裕がないために偏った考え方に陥る傾向があります。

心理学者のリンヴァルは、「すべての卵をひとつのバスケットの中に一緒に入れないように」と注意を促しています。卵を全部ひとつのバスケットに入れておき、転んだりしてしまうとすべての卵が割れてしまう危険性があるからです。そうならないために、卵を別々に分散しておくのです。

このことは私たちのこころにも当てはまります。カウンセリングをしていると、自分はダメだと嘆くクライエントは、あらゆるエピソードを総動員して、自分のダメさを証明しようとします。部分否定すべきところを全否定してしまうのです。

自分をいくつかに分割し、それぞれを別々のバスケットにしまっている人は、失敗や挫折に強い傾向があります。自分を複眼的に見ることができれば、何かうまくいかないことがあったとしても、「自分はダメ」とレッテルを貼り、落ち込んだりすることがありません。自分のどこがいけなかったのか、何が足りなかったのか、どこを改善すれば良いのか…と建設的な方向に歩みを向けられます。

悩みが生じたときは一度冷静になって、「現実」と「感情」を客観的にすり合わせてみることも大切です。この作業は、あなたの無駄なストレスを軽減してくれるはずです。

ストレス対処法⑥ 柔軟な受けとめ方

あなたは仕事に失敗してショックを受けたとします。なぜうまくできなかったのかと自分を責め、落ち込みます。一方、同じように失敗しても、あまりショックを受けない同僚もいます。ショックの度合いは人それぞれのようです。さて、この違いはどこから出てくるのでしょう。

私たちは、失敗という出来事がそのまま精神的なショックに結びついていると思いがちですが、実はこの出来事と感情（ショック）の間には、ある考え方（受けとめ方）が潜んで

います。例えば、「必ず成功しなければならない」と考えればショックは大きくなるでしょう。「時には失敗することもあるさ」と思えば、ショックはそれほど大きくありません。「失敗してもともと」と最初から思っていたとすると、ほとんどショックは受けないでしょう。

このようにある感情が生じる背景にある考え方(受けとめ方)をふりかえってみることが、ストレスに対しての自分の感情が適切なものかどうかを判断するひとつの指標となります。ストレスを感じる背景となっている考え方は、はたして正しいといえるでしょうか。

「私たちは事実の世界に生きているのではなく受けとめ方の世界に生きている」のです。

私たちが感じるストレスの大きさというのは、最終的には、自分自身がその出来事をどう受けとめているかによって決定されているものなのです。ストレスとなる出来事は避けられなくとも、必要以上に大きく膨らませて受け取ってしまわないために、受けとめ方を柔軟にすることで、感じるストレスを和らげることができるのです。

風邪をひきにくい健康体があるように、こころの柔軟性は私たちのこころをストレスから守ってくれます。

私たちは出来事と反応(感情)の間にさまざまな受けとめ方を選択できる"自由"を持っているのです！

(注) なお、受けとめ方は、考え方・思考・認知・解釈・フィルターなどの言葉に置き換えることができます。本書では、「受けとめ方」というキーワードに統一しない方が、幅広く柔軟に理解しやすいのではないかと考え、あえて統一せずに表現しています。

こだわりを捨てることにこだわり、気にしないでも良いことを気にしてしまうことはありませんか。

押しつけないという考えを他人に押しつけ、欲を持ちたくないという欲を自らの中に発見し、愕然としたり…。

こころの安定を求めるために、いろいろと求め過ぎていないでしょうか。

こころの安定は求めて得られるものではないようです。強く求めれば求めるほど、膨らむのは不安ばかり。

受けとめ方の世界に生きている

Mental Health

　行き詰まって自分の無力さをこころの底から知り、求めることをやめたときに、どこからともなく平安が訪れてくるようです。

　私たちのこころの安定をかき乱す考え方の多くは、「〜であらねばならない」「〜であるべきだ」という非合理的な考え方であることが多いものです。例えば、「失敗すべきではない」という考え方にとりつかれると、石橋を叩いても渡らない結果となります。周囲からは慎重な人、思慮深い人と評されることもありますが、変化の激しい今の時代に適切だとは言えません。

　例えば、「人を傷つけるべきではない」と考えていると、相手を傷つけないように、言いたいこと、言うべきことを控えた非主張的な関係を築くことになり、一見、こころの安定を手に入れたようですが、それは短期的な成果であり、その後、すぐにモヤモヤと葛藤が生じます。「人を傷つけないことにこしたことはない。でも、時として傷つけてしまうこともある」と、合理的にとらえておくことが大切です。こちらが傷つけようとしていなくても、相手が傷ついてしまうことがあるものです。その場合は、反省したり、お詫びしたりすればいいのです。

　最初から、分厚い壁を自分の前に差し出さず、柔軟な自分でいたいものです。

　強いものが生き残るのであれば、確かに恐竜は絶滅しなかったのでしょう。さて、この言葉を現代の私たちのストレスに置き換えてみると、強いものがストレスをためないということはないようです。負けず嫌いで競争心旺盛なタイプA（アグレッシブ）とよばれるタイプは、ストレスをためやすく、心筋梗塞や狭心症、うつ病になりやすいといわれています（120ページ参照）。

　鋼のような肉体は賞賛されても、鋼のようなこころは問題があります。いろいろなことにこだわり、頑固でいては、鋼がある分岐点でポキンと折れてしまうのと同じように、あるとき、疲労困憊し、倒れてしまうことになります。それよりも、日頃から"柔軟なこころ"を育て、いろいろなものの見方、考え方ができる私たちでいたいものです。

ワーク❺　こころの柔軟体操

ワークのねらい

出来事に対して自動的に持つ誤った考えや認知の歪（ひず）みを修正することによって、感情や行動の変容が起こることを体験します。

6つのステップを用いて、不快な感情を生じさせる思考パターン（自動思考）に気づき、それを修正します。

進め方

本ワークでは、3タイプのワークシートを紹介します。

参加者の階層、セルフケア研修の受講経験度、時間との兼ね合いなどを考慮しながら、ワークシートを選択します。

本ワークでメインとなるのは、こころの柔軟体操①（ワークシート①）であるため、進め方では、こちらを取り扱います。こころの柔軟体操②（ワークシート②）や③（ワークシート③）は、比較的若い対象者や、セルフケアについての情報が少ない参加者向きです。

① 「状況」に気づく

不快な感情を経験したときの状況を記入します。いつ、どこで、どんなことが、どのように起こったかをできるだけ「客観的」に記入します。主観的な判断や考えはなるべく除きます。

② 「感情」に気づく

①の状況で、どのような感情（悲しい、憂うつ、不安など）を経験しましたか。その感情はどのくらいの強さだったでしょうか。まったく感じないときを「0％」、最も強く感じたときを「100％」として、0～100％で評定します。

③ 「思考」に気づく

この状況で、どのような考えやイメージが頭の中に浮かびましたか。それぞれの思考やイメージをどの程度強く確信しましたか。最も疑わしいと思う場合を「0％」、まったくその通りだと思う場合を「100％」として、0～100％で評定してください。

④ 「自動思考」の分類

下表に示した10種類の自動思考のうちどれに当てはまりますか。

自動思考とは、物事を解釈する際に、頭の中に瞬間的に浮かんでくる考えのことです。私

Mental Health

たちはふだんから、「俺は何をやってもダメだなぁ」「ああ…この試験に落ちたら、お先まっ暗だ」などといろいろな独り言をつぶやいていますが、それが自動思考です。外界の情報は、この自動思考によって処理され、最終的に「感情」や「気持ち」や「判断」が生まれてきます。どのような場面でどのような自動思考が起こるのかは、その人の過去の経験や現在の状況などによって違いが生まれます。

⑤自動思考に「代わる考え」を見つける

自動思考に代わる考えを、できるだけ多く見つけて記入します。自動思考を修正するには、それぞれの自動思考について、「そう考えるための証拠はどこにあるのか」「自分の考えと矛盾した出来事はないだろうか」「今までにうまくいったことはないだろうか」「自分の考え方が正しいのなら、これからどんなことが起こるだろうか」と問いかけてみます。

⑥結果を評価する

自動思考に代わる考えを検討した結果、最初の感情がどの程度変化したかを、0～100％までの段階で評価します。

不快な感情が弱くならないときには、新しい考え方に確信が持てなかったり、こころの底では疑問に思っていることが考えられます。そのようなときには、もっと納得できる別の考え方を見つけるようにします。

自動思考	内容
完璧主義思考 （全か無か）	物事を白か黒のどちらかで考える思考法。少しでもミスがあれば、完全な失敗と考えてしまう。 **言葉のクセ：「完全に」「全然」「まったく」**
過度の一般化	たったひとつの良くない出来事があると、世の中すべてこれだ…と考える。 **言葉のクセ：「いつも」「一般的に～」**
こころのフィルター	たったひとつの良くないことにこだわって、そればかりくよくよ考え、現実を見る目が暗くなってしまう。 **言葉のクセ：「どうせ」**
マイナス化思考	なぜか良い出来事を無視してしまうので、日々の生活がすべてマイナスのものになってしまう。 **言葉のクセ：「～でも」**
結論の飛躍	根拠もないのに悲観的な結論を出してしまう。 ①こころの読み過ぎ…ある人があなたに悪く反応したと早合点してしまう。 **言葉のクセ：「～にちがいない」** ②先読みの誤り…事態は確実に悪くなる…と決めつける。 **言葉のクセ：「～できっこない」「～に決まっている」**
拡大解釈（破滅化）と過小評価	自分の失敗を過大に考え、長所を過小評価する。逆に他人の成功を過大に評価し、他人の欠点を見逃す。 **言葉のクセ：「皆が～」「誰も～」**
感情的決めつけ	自分の憂うつな感情は現実をリアルに反映している…と考える。 **言葉のクセ：「こう感じるんだから、それは本当のことだ」**

べき思考	物事が自分の期待の水準であるべきだと自分に言う。自分に向けられると、罪の意識を持ちやすい。他人にこれを向けると、怒りや葛藤を感じる。 **言葉のクセ：「〜すべき」「〜ねばならない」**
レッテル貼り	ミスを犯したときに、どうミスを犯したかを考える代わりに、自分にレッテルを貼ってしまう。 **言葉のクセ：「自分は落第者だ！」** 他人が自分の神経を逆なでしたときには…"あのろくでなし！"というように相手にレッテルを貼ってしまう。そのレッテルは感情的で偏見に満ちている。 **言葉のクセ：「ばか」「のろま」「ドジ」「グズ」**
個人化	何か良くないことが起こったとき、自分に責任がないような場合にも自分のせいにしてしまう。 **言葉のクセ：「わたしのせいで〜」**

ふりかえり&ポイント

①進め方の④「『自動思考』の分類」までで一度区切り、ペアもしくはグループで内容を語り合います。
②その後、日頃どのような自動思考のクセを抱く傾向にあるのかをペアで語り合います。
③進め方の⑤「自動思考に『代わる考え』を見つける」が書き難いようであれば、ペアでアドバイスし合います。
④シートの全枠を書き終えたら、再度、グループで話し合い、感想を述べ合います。

　以下に、ファシリテーターとして、シートへの記入を促す（サポートする）問いかけを紹介します。

① 「状況」に気づく
・（それで実際には）何があった／起こったのですか？
・そのとき、あなたは何をしていましたか？
・そのとき、誰かと一緒でしたか？
・誰かに何か言ったり、何かしたりしましたか？
・誰かから何か言われたり、何かされたりしましたか？

② 「感情」に気づく
・そのとき、どう感じましたか？
・そのとき、どんな感じがしましたか？
・その気持ちを一言で言うと、どうなりますか？
・例えば、うれしいとか？　楽しいとか？（予想されるのと反対の感情を問うことで、例えば「とんでもない、すごく苦しい感じがしました」という反応を促す）

③「思考」に気づく
- そのとき(その感情が生じたとき)、どんなことが頭に浮かびました?
- (こうしてそのときの出来事を思い出すと)どんな考えや言葉が頭に浮かびますか?
- その出来事(状況)は、あなたにとってどんな意味を持っていますか?

④**自動思考に「代わる考え」を見つける**
- その出来事について、何か別の見方ができないでしょうか?
- その自動思考には、どんな根拠がありますか?
- その考えを信じる(持ち続ける)ことのメリットは? またデメリットは?
- 自動思考に出てくる「○○」という言葉は、具体的にどういうことですか?
- どのように考えれば、この状況をもう少し良く思えるでしょうか?
- もし友人があなたと同じ状況にあったとしたら、あなたは何と言ってあげますか?
- もしも最強の悲観主義者が(そして最強の楽観主義者が)あなたと同じ状態にあるなら、彼らは自分の境遇をどのように表現するでしょう?
- この状況を苦にしない人がいるとしたら、その人はどんな人でしょう?(その人の自動思考は?)
- 神様にひとつだけお願いできるとしたら、この事態をどうしてほしいと頼みますか?

　私たちが新しい受けとめ方に気づき、自分や周囲を変え始めるまでには、多くの場合、古い受けとめ方の中で悩み、もがき、苦しむときを過ごす必要があります。古い受けとめ方ではどうしても自分の直面している問題を解決できないことを知り、戸惑いや落胆など悲観的な中で、こころは新しい受けとめ方を生み出します(学習しはじめます)。新しい受けとめ方は、古い受けとめ方との狭間で熟成され、戸惑いや落胆という現実の検証に耐えて生まれてきたものといえます。

　人生のさまざまな場面で、古い受けとめ方が行き詰まったとき、悲観的な感情がおとずれるのですが、しかし、その一方では、新しい受けとめ方が誕生しつつあるともいえます。

ワークシート❶

こころの柔軟体操①

	ステップ1 状 況	ステップ2 感 情	ステップ3 思 考	ステップ4 自動思考の分類	ステップ5 代わりの考え	ステップ6 結 果
記入例	上司にあいさつをしても返事をしてくれなかった	悲しい（70%） 戸惑い（50%） 怒り（20%）	①上司はわたしのことを嫌っている（80%） ②上司はわたしのことを戦力としてみていない（60%）	①こころの読み過ぎ ②過小評価（こころの読み過ぎ）	①上司は忙しくて気づかなかったのかもしれない ②人事評価の査定はSAランク ③よく飲みに連れて行ってくれる	悲しい（30%） 戸惑い（10%） 怒り（0%）
内容						

ワークシート❷

こころの柔軟体操②

ストレスを感じた状況	
そのときに感じた気分	
ストレスを生じさせた受けとめ方（考え・解釈）	
その受けとめ方をした根拠	
その状況に対する別の受けとめ方	
ストレスが小さくなるような受けとめ方	
気分の変化	

こころの柔軟体操② 記入例：会議で同僚に反論された

ストレスを感じた状況	会議で同僚に反論された
そのときに感じた気分	怒り、不安
ストレスを生じさせた受けとめ方（考え・解釈）	反論したのは、自分を困らせたいからだ みんなの前で恥をかかされた
その受けとめ方をした根拠	今まで反論したことはなかったのに突然反論してきた 枝葉と思えるわずかなことで揚げ足をとられた
その状況に対する別の受けとめ方	ただ不明瞭な点を確認したかっただけなのかもしれない 私を困らせようという意図はなかった
ストレスが小さくなるような受けとめ方	同僚にも意見を述べる権利がある
気分の変化	腹立たしさが少しおさまった 今なら攻撃的にならずに自分の主張を再び述べられる

こころの柔軟体操② 記入例：キャリア面接に無断欠席

ストレスを感じた状況	キャリア面接の予約をしながら、すっぽかされた
そのときに感じた気分	イライラ、怒り、不安
ストレスを生じさせた受けとめ方（考え・解釈）	予約をしておきながら、無断欠席したのは、面接の業務や存在価値を軽んじているからだ！
その受けとめ方をした根拠	就職を控えた学生としてあってはならない（自覚の欠如） 無料の面接だから、軽い気持ちで予約している（軽視している）
その状況に対する別の受けとめ方	急な用事で電話すらできなかったのかもしれない 予約したことを忘れてしまっていたのかもしれない
ストレスが小さくなるような受けとめ方	緊急な用事が入ってくることはあり得る 面接に来なくても、悩みや課題が解決できたのかもしれない 面談が特別なものではなく当たり前になっている（これ自体は学生にとって望ましい環境といえる）
気分の変化	あらかじめ、メールなどで予約したことを伝えておけばよかった 次回冷静になって欠席した理由を尋ねてみよう

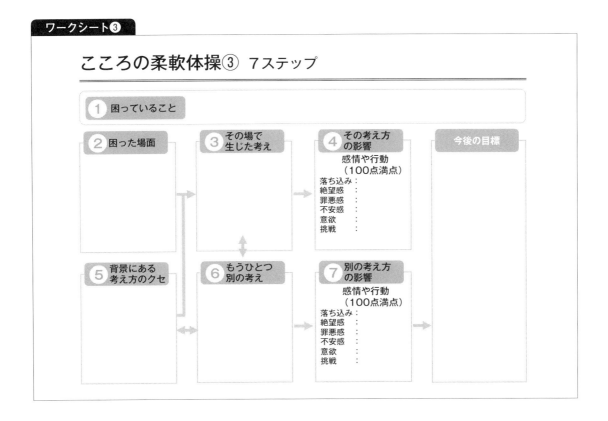

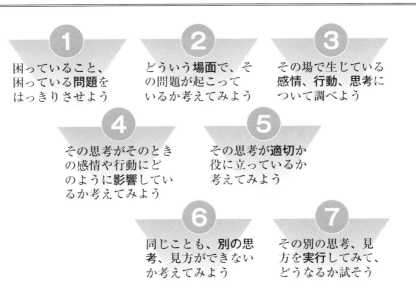

Mental Health

こころの柔軟体操③ 7ステップ（記入例）

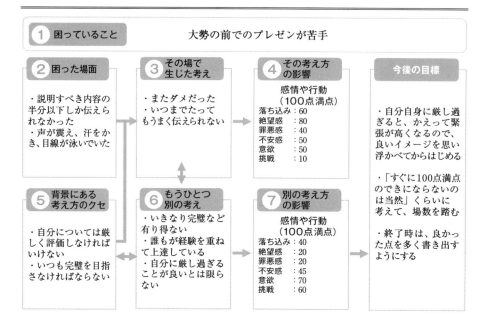

ワーク❻ リフレーミング

ワークのねらい

　短所も見方を変えれば長所になります。ポジティブな面に光を当てることで、ものの見方や考え方が好転します。周囲との関係の質も好転します。ポジティブな面を見る習慣を身につけることで、自分や周りに肯定的ストロークを与える頻度を高めます。

　※「ストローク」とは、自他を認める働きかけ（承認）の総称。

進め方

このワークは6名ほどのグループで実施します。
①ワークシート①に自分の名前を書きます。自分について、短所の面、長所の面をいくつも書き綴ります。
②20キーワードほど書き終えたら、ワークシート①を時計回りに隣の仲間へ渡します。
③ワークシート①のリフレーミングの欄に書かれてある短所を長所に書き換えます。同時に、仲間からのストロークという下段に、該当者への肯定的ストロークをいくつも書きます。
　（注）短所を長所に書き換える例として、ワークシート「リフレーミングの例」を配布します。
④さらに時計回りにワークシート①を回し、本人のところにワークシート①が戻った時点で終了です。
　（注）最後の仲間の段階で、必ずすべての短所を長所のリフレームすることを強調します。
⑤自分のワークシート①が手元に戻ったら、じっくりとワークシート①に書かれたメッセージを味わいます。
⑥ふりかえりを終えた最後に、ワークシート②に整理します。

ふりかえり&ポイント

　リフレーミング（reframing）とは、ある枠組み（フレーム）で捉えられている物事に関して、いったんその枠組みをはずして、違う枠組みで見ることを指します。もともとは家族療法の用語としてはじまりました。同じ物事でも、人によって見方や感じ方が異なり、ある角度から見ると長所になり、また短所にもなります。

Mental Health

　松下幸之助氏は、成功した秘訣を問われた際、「財産がなかったために丁稚奉公に出て、幼いうちから商売を身をもって学ぶことができました。また事業をはじめてからも、お金がなかったから一歩一歩着実に計画を立て、お金を活かして使うことができました。学問がなかったために、会社に入ってくる人がみな自分より偉く見えて教えを素直に乞うことができたし、そのことによって多くの人の知恵を集めることができました。また、健康面ですぐれなかったために、若い人たちに思い切って仕事を任せ、大きな仕事をすることができました」と述べています。

　社会心理学者のオールポートは、成熟したパーソナリティの要素のひとつとして、「他者の長所を容易に受け入れ、短所にも寛大なこと」を重視しています。相手の長所を認め、謙虚に良いところを吸収する（モデルとする）ことです。

　あなたに小学生の子どもがいると仮定してください。その子どもが通信簿を持ち帰って来ました。国語が「1」算数が「5」の評定でした。あなたは、どちらに注目しますか？
　ご想像の通り、圧倒的に「1」に注目する保護者が多いそうです。できていないところに注目し、そこを直すことに注力しはじめます。
　脳はネガティブな刺激により反応しやすい性質を持つらしく、ネガティブな感情はより強く長く持続し、ネガティブな体験はより印象的で記憶に残りやすいそうです。だからこそ、私たちは日頃からポジティブを意識するクセを磨く必要があるのではないでしょうか。
　ピーター・ドラッカーは、「何事かを成し遂げるのは強みによってである。弱みによって何かを行うことはできない」と述べています。
　好業績のチームを調査すると、ポジティブな会話「6」に対して、ネガティブな会話「1」の割合だそうです。日頃からポジティブな面からものごとを見るメガネを意識的に持ち歩きたいものです。

　幸せになるためには遺伝が50％、環境が10％、残りの40％をどう活かすかが鍵だそうです。自分のエネルギー（時間やお金）をどこに投資するのか、幸せに深く関係するテーマを意識しながら（考えながら）行動することが大切です。
　幸福度の高い従業員は、「仕事の満足度が高い（周囲も）」「仕事のパフォーマンスが良い」「上司からの評価が高い」「責任を任されやすい」「担当部署の顧客満足度が高い」などの特徴があるようです。

第1章　セルフケア－自分の健康は自分で守る！－

ワークシート❶

$$\boxed{リフレーム}$$

氏名：＿＿＿＿＿＿＿＿＿

長　所	短　所	リフレーミング

仲間からのストローク

47

Mental Health

リフレーミングの例

短　　　所	長所へリフレーム
暗い	思慮深い、奥行きがある
のろま	慎重
消極的	慎重、リスク回避できる
集中力がない	散漫力がある、こだわらない
忍耐力がない	転換力がある
陰険	奇略に通じている、知恵がある
こだわる	打ち込む、集中力がある、忍耐力がある
元気がない	充電中、おだやか
抜けている	ホッとする、おっとりしている
人づきあいが悪い	自分を大切にする
計画性がない	とらわれない
実行力がない	慎重な行動
感情的	自分に素直
怒りっぽい	自分に素直、喜怒哀楽が表現できる
変なヤツ	不思議な人、個性的
かわいげがない	しっかりしている
生意気	意志を通す
八方美人、お調子者、表面的	人づきあいがよい、社交的
お節介	世話好き
言いたいことを言う	あけっぴろげ、開放的
粗野、あらっぽい	気にしない
融通がきかない、面白味がない	まじめ、几帳面
厳しい	正義感が強い
堅苦しい	行儀が良い
余裕がない	仕事熱心
わがまま	勝ち気、自由奔放
お高くとまっている	プライド（誇り）を持つ
冷たい、冷淡	理性的、理知的
何を考えているか分からない	冷静、沈着
頑固、わからずや	意志強固
鈍感、ぐず	おだやか、のんびり
引っ込み思案	つつましい、謙遜、謙虚
お調子者	ユーモアがある
目立ち屋	場を明るくする
そそっかしい	テンポが速い、頭の回転がいい
神経質	こだわる
猪突猛進、深く考えない	決断が速い
しつこい	根気がある

> 『わたしの祈りに対する神の応え』
>
> 大事を成そうとして、力を与えて欲しいと、神に求めたのに
> 慎み深く、従順であるようにと、弱さを授かった
> より偉大なことができるように、健康を求めたのに
> よりよきことができるようにと、病弱を与えられた
> 幸せになろうとして、富を求めたのに
> 懸命であるようにと、貧困を授かった
> 世の人々の称賛を得ようとして、権力を求めたのに
> 神の前に跪くようにと、弱さを授かった
> 人生を享受しようとあらゆることを求めたのに
> あらゆることを喜べるように、生命を授かった
> 求めたものは何一つとして与えられなかったが
> 願いはすべて聞き届けられた
> 神の意にそわぬ者であるにもかかわらず
> こころの中の言い表せない祈りも、すべてかなえられた
> わたしはあらゆる人の中で、最も豊かに祝福されたのだ
> 神は、わたしが必要とすることを一番よく知っておられる
> 願わくば、神は賛美され、祝福されますように…
>
> ニューヨーク大学リハビリテーション研究所の壁に刻まれている一患者の作

　筆者はときおり、アイスブレイクで、ワークシート②「自分の長所"再発見"」を活用します。「あなたの長所や個性、持ち味は何ですか？　ちょっと図々しくなって書き出してください。ないものを書くのはウソになってしまいますが、『ときどき親切なときもある』などのように、少しでもあるものは、ぜひ書いてください。できるだけたくさん書き出してください。同じような言葉であってもかまいません。とにかく質より量を求めます」と参加者の背中を押します。

　いくつ書けたか数を挙手していただき、参加者全員で競います。そして、このワークシートを持ちながら自己紹介に進みます。

　たいへんシンプルなアイスブレイクで面白味がないと思われるかもしれません。筆者自身、当初は、「こんなシンプルな自己紹介はなぁ…」と抵抗を覚えました。ところが、自分のポジティブな面に光を当てた研修のスタートは、一挙に部屋の温度が高まり、緊張をほぐし、場の構造にはうってつけだと体感しました。

Mental Health

ワークシート❷

自分の長所 "再発見"

平成　　年　　月　　日　　　　　　　　氏名：

1	26
2	27
3	28
4	29
5	30
6	31
7	32
8	33
9	34
10	35
11	36
12	37
13	38
14	39
15	40
16	41
17	42
18	43
19	44
20	45
21	46
22	47
23	48
24	49
25	50

ストレス対処法⑦ ソーシャルネットワークを築こう

　ストレスの原因となるストレッサーが存在すれば、だれでも必ずストレス反応が起こるとは限りません。ストレッサーの衝撃をふんわりと和らげて減少させるクッションや緩衝材となるものがあります。この緩衝材の重要な鍵となるのが周囲の人々による支え"サポート"です。

　ストレスに強い人とは、自分ひとりでストレスに耐え、じっと我慢する人ではありません。ひとりで黙々とストレスを抱え込むのではなく、悩みをオープンにすることによって周囲から情報やサポートを得ようとする人なのです。

　サポーターが複数いると、ひとりでは無理な悩みまで受けとめてもらえるため、共通項があり、互いに支え合えるような相手を選ぶことがコツです。例えば、どんなに親しくても事業を起こして奮闘している友人に、会社のボーナスが低かったと不平不満を言っても、わかり合えないかもしれません。子どもがなかなかできない人に子育ての大変さを愚痴るのも無神経でしょう。

　最も大切なことは、"逆の立場"に立とうとすることです。それは、このような人々があなたのこころの支えとなるばかりでなく、あなたもこの人たちのサポーターになることができるということです。

　そのためには、GIVE & GIVEN のスタンスに立つことです。ストレスがたまっていると、サポートするよりも、サポートしてもらうことになりがちです。だからこそ、日頃から、"サポートしよう"ということを最優先するようにしたいものです。

　サポートしたからサポートしてもらうという GIVE & TAKE は否定しませんが、お互いが助け合うというスタンスに立てば、そのふたりの関係は、第三者から見ると、GIVE & TAKE になっているのです。

　サポートづくりとは、"人よりも"ではなく"人と共に"、"自分だけ"ではなく"お互いに""自分から"というスタンスに立つことで広がるものです。

ひとりで抱え込まない

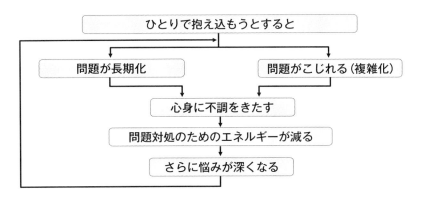

Mental Health

ストレス対処法⑧ 等身大の自分で接しよう

　ともすれば、私たちは自分が自分に素直かどうかよりも、人が自分をどう見ているかに目がいってしまうものです。そうなると、人に見せる自分をつくってしまうことになり、それではイキイキと生きられません。

　私たちは、誰しも「嫌われたくない」と思っています。しかし、嫌われたくなくて人づきあいに中途半端になってしまったら、きっと好かれることもないでしょう。嫌われる勇気を持つということは、逆に、好きになってくれる人もいる、ということなのです。

　人に好かれたい、人に受け入れてもらいたいという想いは、自分が自分の足で人生を歩いていない証拠といえます。

　人づきあいの達人とは、人をたくさん知っている人でも、人を上手に操る人でもありません。"ありのまま"の自分を大切にしている人ではないでしょうか。人づきあいにおいて大切なのは、誰とでも話を合わせられるということではなく、自分がどれだけ等身大の自分でいられるか、ということです。

　お互いに背伸びしたつきあいをしていると、本当にわかり合えることなどできません。人とつきあうときには、「自分は自分以上でもなければ自分以下でもない」という等身大の自分で接することです。こちらが自分を良く見せようとしなければ、相手もリラックスしてくれるものです。

　人間関係は、一人格と一人格の間の関係なので、「自分」がないところには成立しません。どれほど親しい間柄でも、相手と自分は同一人物ではないという自覚を保ち続けることが大切です。そうすれば、期待外れの反応に対しても、理解のズレがあっても、それを当たり前のこととして受けとめられます。

　本音の自分を隠して取り繕っているよりも、嫌われてもいいから自分を正直に表現してみましょう。

　人づきあいは、"量"ではなく、"質"なのですから。

ストレス対処法⑨ 怒りのコントロール

　あなたは、たまった怒りの感情をどのように発散していますか？　日本人は、怒りの感情を発散することに抵抗を覚えるようです。怒りの感情を我慢すればするほど、そのマグマは奥底にたまり、たまった怒りは立場の弱い部下や配偶者、子どもに投下されます。

　ストレスとうまくつきあうには、怒りの感情をコントロールすることがキーポイントです。

　そもそも感情のコントロールとは、「がまん強い」「自制心がある」という意味ではありません。コントロールとは「抑制」ではなく、「調節（調整）」のことです。怒りを抑えるので

はなく、ほどよい程度に調整し、適切に吐き出すことです。

　怒りの感情を見ないふり、気づかないふりをすることは、"怒り"は生まれながらに持っている情緒だという事実を無視することになります。

　そもそも怒りはあって当然で、喜怒哀楽のうちのどんな感情も抑えるべきではありません。怒りは放っておくと、激怒、復讐へとどんどんエスカレートします。だからこそ、小さい怒りの間に自分の怒りに気づき、適切に伝えることが重要なのです。

　良い人間関係を保つためには、怒りを伴う状況で、怒りを隠し、理解を示して優しく微笑まなくてはならないということではありません。本当の信頼関係を築くためには、怒りを押し殺して遂にそれが爆発するまでため込んでおかずに、自分の気持ちを率直に伝え、怒りを適切に開放することが大切です。

　怒りは常に激しいわけではなく、レベルがあります。拳を握るほどの強い怒りになるのは、それまでの過程で何度も怒りを抑えて、我慢した結果といえます。ここまでに至ると怒りの源を忘れ、感情任せに怒鳴ることになりがちです。そうならないために、怒りが蓄積される前段階で表現することです。イヤだなぁ、やりきれないなぁ…と弱い怒りを感じたら、相手の人格を傷つけず、相手の行為に対して警告や忠告をします。

　「わたしはあなたの言動にやりきれない思いです」…などのように"わたし"を主語にして小出しに吐き出します。この段階であれば、自分自身が相手に何を言いたいかを把握でき、冷静に伝えることができます。また、相手にもこちらの言いたいことに耳を傾けてもらいやすいといえます。

怒りのレベル

レベル１：弱い怒り
イヤだなぁ、好きでないなぁ、居心地が悪いなぁと感じたら、この小さな段階で表現するようにしましょう。そうすると表現しやすく、相手も受け取りやすいので、お互いに怒りがたまることはありません。部下を叱るときなどは、レベル１の段階で、相手の行為に対して、注意や忠告をするようにしましょう。

レベル２：中程度の怒り
イライラする、煩わしい、腹立たしい、ムッとする、反論したいなどは中程度の怒りです。ここで我慢すると怒りがたまって、より大きくなります。叱るときには、相手の人格を攻撃することなく、注意や叱責をしましょう。

レベル３：強い怒り
カッとしたり、怒鳴ったり、拳を握るほどの激怒の状態です。ここまで強い怒りになるのは、それまでの過程で何度も怒りを抑えて、我慢した結果なのです。ここまで至ると怒りの源を忘れ、感情任せに怒鳴ることになります。

出所："言いたいことが言えない人"のための本！－ビジネスではアサーティブに話そう！（同文舘出版）

Mental Health

"You メッセージ"では、しばしば問題を引き起こします。

「あなたは○○だ！だから間違っている（改めるべきだ／そうすべきではない／そうすべきだ）」…このような"You メッセージ"を受け取ると、多くの場合、相手からのメッセージを自分への非難として受け取ります。それが原因となって、反発したり、プライドが傷ついて落ち込んだり、もっと悪い場合は、恨んだり、憎んだりすることになり、信頼関係が一瞬で泡と消えてしまいます。

また、人にものを言うとき、特に注意や叱責をする場合に、「みんな（他部署は・競合他社は）○○しているから、あなたも△△しなさい！」と、責任を外野に押しつけるような人づての表現をすると、メッセージは相手に率直に伝わりません。

メッセージの受信者は、遠回しな表現が理解できずに聞き流してしまったり、他人事のような言動をする人に無責任さを感じて腹を立てたり、一体誰に何を言われているのかが分からず当惑したりします。

"I メッセージ"で伝えれば、話し手であるあなたの責任がはっきりします。

「わたしは○○と思う」「わたしは○○と感じる」

「わたしは○○のようにして欲しい」「わたしは○○のようにしたい」

などと、話し手の責任の所在を明らかにします。"I メッセージ"で表現すると、自分の気持ちを適切に表現できて、なおかつ、相手を責めたり、傷つけたり、侮辱したりする言い方にはなりません。

多くの人は、「感情を言葉にして伝えても、相手の行動を変えることができなければ何の役にも立たない」と考えがちです。しかし、例え相手の行動が変わらないとしても、感情を伝えることはちゃんと役に立っているのです。

例えば、終業時刻になると、きまって残業を言いつける上司がいるとします。このような場合、上司に対して感情を伝えるべきです。伝えることによって、ストレスの原因を取り除く（上司の行動を変えさせる）ことはできなくても、ストレスを軽減する（感情を吐き出して、気持ちを楽にする）ことができるからです。

この場合、「わたしは○○で、とても残念です」とか、「わたしは○○で、がっかりしています」というように、自分がどのような気持であるかを伝える必要があります。「あなたのせいで…」とか「いつもあなたは…」というように、相手を巻き込んではいけません。相手に感情を抱かせられたのではなく、自分がその感情を抱いたということで、自分の感情に責任を持つ必要があります。

加えて、結果そのものに焦点を当て過ぎると、プロセスの大切さが見えなくなってしまいます。自己を表現することがとてつもなく高いハードルに見えてあきらめたりするのは、プロセスではなく結果を重視し過ぎるためです。

もしあなたが、相手を打ち負かすことが自己表現だと思っているのであれば、それは大きな間違いです。

自己表現とは言葉によって自分を表現することであり、大切なことは自分を表現するプロセスだということです。

　相手に自分の考えを受け入れさせるという気持ちでいると、どうしても相手と闘って打ち負かさなければならないと思ってしまいます。また、このように相手に意識を向けていると、口から出る言葉は相手を責めるものになってしまいます。

　しかし、自分の言い分を認めさせようという考えを捨てて、自分の為に表現するプロセスを尊重しようという気持ちでいれば、結果はそれほど重要ではないと思えるようになります。相手に勝つという目標さえ捨てれば、断られたらどうしようという不安や恐れも半減するに違いありません。

　失敗したことだけに目を向けると残るのは挫折感だけですが、プロセスに焦点を当てれば、自己を表現しよう、自己を主張しようと決意して起こしたあなたの行動そのものが、すでに建設的・生産的なものであることに気づくはずです。

　詳しくはぜひ、拙著『"言いたいことが言えない人"のための本！　─ビジネスではアサーティブに話そう！』（同文舘出版）をご一読ください。

ストレス対処法⑩　"Ｎｏ"を伝えよう

　関係性を大切にする文化に育った私たちは、「できません」「お断りします」と"No"を切り出すことに抵抗を覚えます。しかし、"No"を伝えなかったばかりに、余計な仕事を引き受け、飲みたくない酒につきあうはめになるなど、自らストレスを抱え込んでしまうことになります。自分の感情や考えを大切にし、"No"と伝えることは、ストレスのコントロールには欠かせません。

　"No"を伝えるときに注意したいのは、唐突に"No"と言わないことです。「事情は理解できますが、…」「誘っていただいて嬉しいのですが…」というように、"No"の前にひと呼吸おくような枕詞をつけることがコツです。理由を伝えることによって、相手の受けとめ方が大きく変わります。

　例えば、上司が残業を依頼してきたときに、誠意を込めて事情を説明すれば、「しょうがないなぁ」と納得してもらいやすいでしょう。それでも上司から、「今日はどうしても急ぎの資料が…」と懇願され、優先してあげたいと思えば、"No"を翻して"Yes"に変えればいいのです。あなたがどうしても自分の急ぎの用事を優先したいのであれば、「申し訳ありません。とても大切な用事なので、取り止めるわけにはいかないのです。明日の朝、1時間前に出社してお手伝いさせていただくということでいかがでしょうか。そうしていただけると助かるのですが…」などと代案を提案することもできます。"No"と言ったら会話は終わり、ではありません。

Mental Health

　人間関係を円滑にして、きちんと"No"と言えるためには、バランスを見極めながら、時には"Yes"と言うことが重要なのです。
　大切なことは、"No"と言うことは、相手の要求を拒否しているのであり、相手を拒絶しているわけではないということです。相手と今後も良い関係を続けていきたいからこそ、"No"を伝える必要があるのです。"No"は相手と自分に誠実でありたいからこそ用いる言葉なのです。

"No"と言いたいのに言えない理由

- ①自分が相手の立場だったら、Noと言われると困ってしまう
- ②相手に嫌われたくない。悪く思われたくない
- ③自分が何か依頼をするときに、Noと言われたくない
- ④Noと言うと、相手の存在そのものを否定してしまうような気がする
- ⑤依頼されるのは、自分が頼られているということなので断りにくい

出所："言いたいことが言えない人"のための本！－ビジネスではアサーティブに話そう！（同文舘出版）

ストレス対処法⑪ 笑いの効用

　私たちは緊張状態にあるとき、脳にノルアドレナリンという物質が分泌されることが知られています。ノルアドレナリンは抑うつや不安などとの関係のある神経伝達物といわれています。そのため、感受性が鈍くなり、外界と自分との間に大きな壁ができあがったような感じになります。その閉塞感から解放してくれるのが「笑い」です。
　ストレスを抱えていると、誰でも無意識に表情が曇りがちになるものです。そんなときは、無理にでも笑顔をつくってみましょう。
　笑顔になったときの顔の筋肉の動きは、脳に良い刺激を与えることが知られています。笑顔をつくることで良い方向に感情が引っ張られ、落ち込みが軽減されます。
　また、笑うことはからだにも良いことが知られています。笑うことによって、癌細胞を撃退する細胞である血液中のNK細胞が活性化し、免疫力が向上します。「笑い」には、高

血圧の人の血圧を低下させる効能があるなど、「たかが笑い」と軽視できないパワーが潜んでいます。笑う気分になれなくても、笑顔を作るだけで、笑ったときと同じ効果が得られます。「笑う門には福来る」と言いますが、「笑う門には健康来る」と言い換えることができます。

笑いは「最高の薬」「内なるジョギング」というように、ストレスを和らげ、健康を促進してくれます。

チャップリンは、「笑いのない一日は、無駄な一日である」と言いました。一日をまったく笑わずに終えてしまうことは意外に多いものです。そんなときは、大笑いする企画をしましょう。お笑いのDVDを借りたり、テレビ番組を見たり…。

"どれだけ楽しいことがあったか"ではなく、"どれだけ楽しんだか"。私たちは楽しいから笑うというだけではなく、笑っているうちに楽しい気分になれます。何に対しても"楽しもう"という積極的な気持ちを持っていれば、自然と人生を楽しく過ごせるのではないでしょうか。

笑いは、楽しいから笑うという「快の笑い」、緊張が緩んだときに出る「緊張緩和の笑い」、愛想笑いやごまかし笑いの「社交上の笑い」に分けられます。うつ病の人は、「社交上の笑い」が多く、「快の笑い」が減る傾向にあります。

上記の通り、表情が感情を作る場合もあります。作り笑いでも脳内の情報のやりとりは起こり、楽しいという感情が湧いてきます。周囲に他人の笑い声がある方が自分もより楽しくなります。「作り笑い」も有効に作用し、対人関係のストレスを予防します。

笑いの起こる仕組み

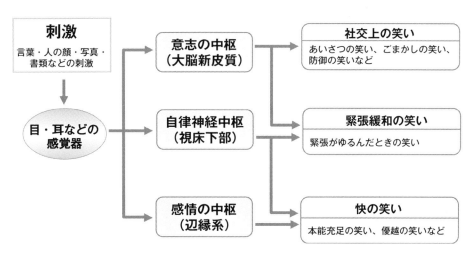

出所：関西福祉科学大学　志水彰教授

Mental Health

ワーク❼　ストレスコーピング収集

ワークのねらい

　ストレスコーピングとは、ストレス対処法ともよばれ、ストレス要因やストレス反応に働きかけて、ストレスを除去したり緩和したりすることです。具体的には、ストレス要因に働きかける問題焦点型と、ストレス要因がもたらす感情に働きかける情動焦点型の2つに大別されます。前者は、ストレスを引き起こす状況を問題として捉え、それに対して解決策を実行し、状況そのものを変えようとします。後者は、ストレス要因がもたらす不快な感情を軽減するために、各種のリラックス法を取り入れたり、物事の良い側面を見るようにしたりします。

　ストレスコーピングは、日頃から、いろいろな方法を収集し、実践することが好ましいといえます。このワークを通して、多くのコーピング情報を収集し、自分なりのメニュー表を作成します。

進め方

①6名ほどのグループを作り、机を合わせて島形式を設定し、中央に大きな台紙を置き、各自が何枚かのカード（付箋紙）を持ちます。

②全員で、ストレスの解消法について、自分の経験などを短めに語り合います。
　（注）先に経験談を語り合うことで思考が柔軟になり、アイデアをより多く書くことができます。

③各自で、思いつくままにストレス解消法をカードに書きます。1枚のカードにひとつの解消法を、できるだけ具体的に、単語ではなくまとまった文章で書きます。

④ブレーン・ストーミング法やKJ法などを解説します。

⑤ひとりずつ順番に自分のカードを読み上げて、模造紙に貼ります。すでに出ているものは発表しません。新たなカードを書き加えてもかまいません。

⑥繰り返し、できるだけ多くのカードを貼り、手元にカードがなくなった時点で終了します。

⑦模造紙に貼られたカードを各自じっくりと眺めます。

⑧意味の近いカードをグループにし、まとめきれないカードはそのままにしておきます。新たに思いついたカードの追加は大歓迎です。

⑨グルーピングごとに、その内容を表わすタイトルをつけます。グルーピングが大きい場合は、さらに小さなグループに細分化して、タイトルをつけます。

《ブレーン・ストーミング法》
　米国の広告会社の副社長アレックス・F・オズボーン氏が開発した「脳の嵐」という意味の発想発散法です。
　　　自由奔放：どんなヘンなことを言っても許される
　　　批判厳禁：どのような意見に対しても批判しない
　　　質より量：意見は多ければ多いほどよい
　　　後出し歓迎：他の意見から思いついた意見を出してもよい

《KJ法》
　文化人類学者の川喜多二郎氏が開発した発想収束法で、情報をカードに記入し、似たもの同士をグループ化し、図解し、つながりをはっきりさせて、文章化します。

ふりかえり&ポイント

①島の中央に模造紙を置き、各自まとめたものをじっくりと眺めたのち、他のグループメンバーに発表します。聞いている参加者は、気づいたことなどをメモしながら発表を聞き、各自コーピングを増やす努力をします。

②席に戻り、自分たちの模造紙をもう一度眺めるとともに、各グループの発表をふりかえり、簡単なストレス解消メニュー表を作成します。下記の事例は時間単位でメニューにしたものですが、場所（空間）別などに分けて自己管理している参加者もいます。

　筆者は縦軸をSTRESSともじって、自分に相応しい解消法にまとめ、PC画面や手帳に挟むなどして、こころがける習慣づくりをしています。

Mental Health

ストレス解消メニュー表の例

- ●10分　ストレッチ、コーヒー（紅茶）、チョコレート（おやつ）、音楽を聴く、空気の入替え、深呼吸、外に出る、旅行ガイドを見る、雑談、散歩（工場の周り）、腹式呼吸、ルービックキューブ、名言集、姿勢を正す
- ●30分　昼寝、アロマやお香、ヨガ、ストレッチ、入浴、長電話
- ●1時間　瞑想、喫茶、TV＆DVD、映画、ジムへ行く、掃除＆洗濯、日光浴、雑誌を見る
- ●半日　スポーツ、ショッピング、カラオケ、海（波音を聴く）
- ●1日　ドライブ、滝（マイナスイオンを浴びる）、温泉
- ●3日〜1週間　旅行、森林浴

毎日の生活の中で、少しずつストレス解消をしましょう！

ストレス対処法のキーワード

Stroke　ストローク "こころの栄養"
Time Management　時間管理
Relax　リラックス（呼吸、音楽、アロマなど）
Efficacy Eat　自己重要感　バランスのとれた食事
Sleep Smile Sports　質のよい睡眠　笑顔　運動
Support　喜びや悩みを分かち合える仲間づくり

ストレスをなくそうとするだけでなく、
ストレスをコントロールしようとすることが大事！

📖 ワーク❽ ストレスコーピング アドバイス

✏️ ワークのねらい

　他者が抱えるストレスへの対処法を客観的な立場から考えることを通して、コーピングへの理解、自覚を深め合います。

✏️ 進め方

① 4名1組のグループを作ります。
② メモ用紙に自分が現在抱えているストレスを記入し、その背景（理由）を詳細に記載します。
③ グループ内でメモをシャッフルし、自分以外のメモを取ったら、当事者になりきり、ストレスの原因は何なのか、どうしたらよいのかを検討し、メンバーに説明します。
④ その後、仲間から親身にアイデアやアドバイスをもらいます。（各7分）

✏️ ふりかえり&ポイント

① 全員が終了したら、グループで気づいたこと、学んだことを話し合います。
② 全体で、気づいたこと、学んだことを分かち合います。よく「これまで、これほど熱心に相手のストレスにアドバイスすることはなかった」「他のメンバーのストレスでしたが、これほど熱心にかかわってもらうと、ただそれだけでストレスが軽減する感覚を覚えた」「自分にはあまり抱くことのない事例に関して当事者になりきりました。相手になりきることで、相手のつらさ、悩みなどを少し理解できたように感じられます」などのコメントをもらいます。
③「アドバイスをしてやろう」という前に、しっかりと傾聴すること、アドバイスは必ずしも必要ではない場合もある…など、傾聴の重要なポイントを補足します。

Mental Health

ワーク❾ コーピング探し

ワークのねらい

　ワールド・カフェは、「カフェ」のようなくつろいだ雰囲気の中で、参加者が少人数に分かれ、テーマに沿って自由に会話を行い、創造的なアイデアや知識を生み出したり、相互の理解を深めることができる、という可能性を秘めた対話の手法です。

　ワールド・カフェの手法を用い、大きな視点からメンタルヘルスを語り合い、主体的に取り組むべきコーピングアイデアを探り合います。

進め方

①**場づくり（準備）**

　グループもしくは、メンバーをシャッフルして、4～5名のグループを作り、テーブルに座ります。テーブルにはテーブルクロスに見立てた模造紙と各自1本以上の水性マジック（各色）を用意します。非日常を演出するために、テーブルクロスを敷いたり、テーブルの中央に花瓶やちょっとしたバスケットを用意するなど、おもてなし（ホスピタリティ）の気持ちで演出することもポイントです。

②**カフェトーク・ラウンド（対話を楽しむ）**

　1ラウンドおおよそ20～30分で、設定されたテーマに沿ってリラックスした対話を楽しみます。話し合いで出たアイデアや感想を、各自が自由に模造紙に書きとめていきます。

　たいへんシンプルな仕掛けですが、話し合いが進むうちに、この落書きを通して意見と意見が深まり（アイデアとアイデアが結びつき）、新たな気づきや洞察が生まれ、カフェの醍醐味を体験できます。

　＜テーマの例＞
　ラウンド1：日々、楽しく充実した仕事人生を過ごすには
　ラウンド2：風通しの良い健康的な職場を創るには
　ラウンド3：そのために、私たちが主体的に取り組むことは

③**シャッフル（メンバー変更）**

　1ラウンドが終わる頃にテーブルに残る人（ホスト）を決め、それ以外の参加者は別のテーブルへ散らばります。残ったホストは自分のテーブルで話し合われた内容を新しいメンバーに説明し、さらに対話を深めます。

④最終ラウンド

2〜3ラウンドを繰り返し、最終ラウンドで全員が最初のテーブルに戻ります。別のテーブルで得られた気づきやひらめきなどを交換し、さらに全体で共有を図ります。

次のワーク⑨「カルテづくり」の際に参考にできるように、語り合った模造紙をホワイトボードに貼っておきます。

ふりかえり&ポイント

ワールド・カフェとは、Juanita Brown（アニータ・ブラウン）と David Isaacs（デイビッド・アイザックス）によって、1995年に開発・提唱されました。

彼らが当時、世界的に関心が高まっていた知的資本経営に関するリーダーたちを自宅に招き、話し合いの場作りを行ったことをきっかけにして生まれました。集まったゲストがリラックスしてオープンな話し合いを行えるよう『カフェ』のような空間を演出したところ、想像できないほど多くの知識や洞察が生まれたことに感銘を受けた二人が、その経験から主体性と創造性を高める話し合いのエッセンスを抽出してまとめたのがワールド・カフェです。

「知識や知恵は、機能的な会議室の中で生まれるのではなく、人々がオープンに会話を行い、自由にネットワークを築くことのできる『カフェ』のような空間でこそ創発される」という考えに基づいた話し合いの手法です。

ワールド・カフェは、リラックスした雰囲気の中で、少人数に分けたテーブルで自由な対話を行い、ときどき他のテーブルのメンバーとシャッフルして対話を続けながら、テーマに集中した対話を繰り返します。

＜ワールド・カフェの効果＞

発言しやすい

ワールド・カフェは、少人数での対話の場を作るので、各自が発言しやすく、発言の機会が多く与えられます。

参加者全員の意見が集まる

ラウンドごとにシャッフルすることにより、大人数でも多くの人との意見や知識の共有ができます。

共感が生まれる

ワールド・カフェの参加者の中に、共通性を見出すなど共感が生まれ、親しみや信頼関係を生み出すこともできます。

蜂や蝶が蜜を求めて花から花へと飛び回るように、参加者がテーブルをめぐって多様な洞察を集め、結びつけ、アイデアを「他花受粉」することによって、個人ではたどりつけない集合的な知恵を紡ぎ出していく。そこにワールド・カフェの真髄があります。

Mental Health

📖 ワーク❿　カルテづくり

✏️ ワークのねらい

　このカルテは、自分とストレスの関係をさまざまな角度から知るためのものです。カルテを作成して、ストレスを上手にコントロールするためには、自分のストレスレベルやストレッサーの種類などを明確に把握するとともに日々のモニタリングが欠かせません。

　研修を受講しっ放しにしないために、自分とストレスとの関係を整理するために役立ててもらいます。

✏️ 進め方

①研修のまとめとして、最後に記載してもらいます。ただ、すべての項目を最後という場合もあれば、問いごとに記入時間を設けて、最後に提出する形式を取る場合もあります。
②すべての問いへの記入を終えたら、問5～問7をグループで発表し合い、研修を修了します。

✏️ ふりかえり&ポイント

　筆者は、「カルテ」を色画用紙に印刷して持参します。記入を終えたら回収して、ラミネート加工を施して参加者に返します。人事部の意向で、上司や人事を介するなどして、参加者本人に返すことも少なくありません。

ワークシート

カルテづくり

1. あなたのストレスレベルはどれくらいですか？
①自分が大きなストレスを受けていると感じるような症状はありますか？
②ストレスからくるネガティブな感情に苦しんでいますか？
③「ストレスがたまっているのでは？」と人から指摘されたことがありますか？
④数ヵ月前に比べて、余計にストレスを感じていると思いますか？

2. あなたの主なストレッサーは何ですか？
①この半年間に引っ越しや病気など、大きな出来事はありましたか？
②毎日することの中で、いちばんストレスを感じるのは何をしているときですか？
③あなたの職場のストレッサーは何ですか？ プライベートの問題は何ですか？

3. ストレッサーのうち、あなたが取り除くことができるものは何ですか？
①ストレスを多く感じる活動のうち、やめることができるのは何ですか？ 他の人に任せられる活動は何ですか？
②ストレッサーのいくつかを小さくすることができるような具体的な方策はありますか？ 例えば、もう少し態度をはっきり示すことでストレスが小さくなるだろうと思うことはありますか？

4. あなたのストレス解消法は何ですか？
①あなたは自分のための時間を持っていますか？ 週にどのくらいの時間を余暇にあてていますか？ 家族と過ごしたり、友人と会ったりする時間はありますか？ 趣味やスポーツにあてる時間はありますか？
②バランスのとれた食事を摂っていますか？ タバコを吸っていますか？ 酒量はどのくらいですか？ 体重は増え過ぎていませんか？

5. ストレス解消の方法の中で、あなたが増やすことのできることは何ですか？
①どれを優先的に選びますか？ それはどうしてですか？ 具体的な目標として何を定めますか？
②その活動がうまくいくために、何かできることがありますか？ 例えば、身近な人と一緒にやる、グループを作る、時間を捻出する、既存のサークルに申し込みをする、などの工夫はできますか？

6. ストレス管理の方法としては、どれが自分にふさわしいと思いますか？ リラクセーションですか？ アサーティブですか？ 認知的アプローチですか？ スケジュール管理の方法ですか？ あなたがその方法を実践するのに、助けとなる専門家を知っていますか？

7. ストレス管理プログラムがうまく実行されているかどうか、どのようにして確かめますか？
主観的なストレスの感じ方によってですか？ まわりの人の言葉によってですか？ それとも健康状態によってですか？ あるいは、時間の使い方がうまくいっているかどうかをみることによってですか？

Mental Health

ワーク⓫　変化の先取り

ワークのねらい

メンタルヘルス不調は、変化の大きいとき（人生の転機）、小さな変化が数多いときなど、いわゆる変化を伴うときに発症しやすいといわれています。それに対抗するには、変化を先取りし、変化への準備を怠らないことです。すべての変化を把握するなど無理なことですが、予測できる変化は少なくありません。それらを事前に先取りすることで、変化を積極的に取り込む習慣を身につけます。

進め方

人生の転機に備える

うつの原因として、人生の大きな転機（ライフ・イベント）があることが知られていますが、それだけではなく、もっと微妙な場合もあります。

別離
・配偶者、肉親、親友などの死
・離婚
・別居
・子どもの独立
・引越し

健康問題
・自分、肉親の健康上の問題
・けが、病気

責任・環境の変化
・結婚
・家族が増える

仕事の問題
・配置転換、転職
・昇進、責任が増える
・解雇される
・上司とトラブルを起こす
・定年退職
・配偶者の就職・退職

金銭問題
・ばく大な借金
・貧乏
・火事や災害で財産を失う
・相続問題・訴訟

ストレスは不運な出来事のときだけに生じるわけではありません。一般的には、良い事とされる出来事や新しいことが起きるときにも生じます。

昇進：昇進するとそれまで築いてきた仕事場での人間関係が変わり、同僚が部下になったり、自分より上の立場だった人と対等につきあわなければならなくなるということがあります。この変化は、毎日の仕事にも影響します。

結婚：新しい責任と家庭環境、生活習慣によって、精神的負担になることがあります。
子どもの誕生：家族が増えて、物理的な家事が増えるばかりでなく、新しい人間関係が夫婦に大きな影響を与えます。子どもが夜泣きをし、睡眠にも影響が出ますし、育児への時間を割かなければなりません。
引越し：住んでいる所が変わると人間関係、地域活動などが断ち切られてしまいます。新しい関係を一からまた始めるのは、大変な労力が必要です。
配偶者の生活習慣の変化：配偶者の就職、退職、転職などの変化で、夫婦の過ごし方はそれまでとは大きく変わります。

①ワークシートの Ⅲ.リスクマネジメント の「考えられる対策」の前まで記入できたら、ペアでシートの内容をシェアします。
②その後、互いに「考えられる対策」に対し、アイデアを出し合います。

ふりかえり&ポイント

人生の転機には、次のような方法で備えましょう。
(1) 影響の予測：その出来事が、自分の行動や人生にどのような影響を与えるか、その影響はどの程度か、十分考える必要があります。
(2) 自分を変える計画を準備：困難な状況が予測できたら、それに耐えられるように、自分を変える計画（考えられる対策）を実行します。
(3) 程度の予測：その出来事のために落ち込むことがあり得るので、その程度を、いままでより頻繁に計ってください。

Mental Health

ワークシート

変化の先取りシート — 人生のイベント予測 —

Ⅰ. ライフ・イベントの予測

「これからのわたし」に起こりうる転機を想像しよう	（　年　歳）	（　年　歳）	（　年　歳）
ライフ・イベント〔能力・技術・人脈〕			
ライフ・イベント〔家族・親類〕			
ライフ・イベント〔友人・知人・地域社会〕			
ライフ・イベント〔趣味・健康〕			

Ⅱ. わたしにとって重要なできごと

Ⅲ. リスクマネジメント

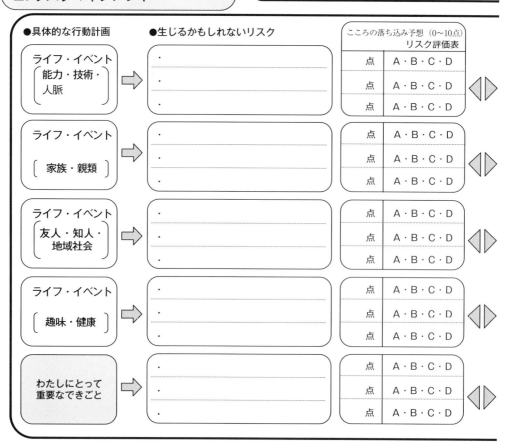

第1章　セルフケア－自分の健康は自分で守る！－

予 測 さ れ る 転 機				
（　年歳）	（　年歳）	中　　期		長　　期

（　年歳）	（　年歳）	中　　期		長　　期

●考えられる対策

1.
2.
3.

4.
5.
6.

7.
8.
9.

10.
11.
12.

13.
14.
15.

〔リスク評価表〕

●生じるかもしれないリスク欄であげたリスクについて、あなた自身の判断で発生頻度と損失程度を評価します。
（リスクの番号を表の該当する位置に記入）

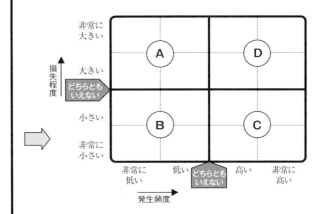

● 〔リスク評価表〕のA〜Dゾーンの考え方

A：代替できる手段、方法はありますか？
　　（発生頻度は低くても損失の影響は大きいため、他にリスクを転嫁できる方法、分散できる方法を考えましょう）
B：影響はどうですか？
　　（あまりリスクを気にしなくて良いでしょう）
C：常に注意がはらえますか？
　　（1回のリスクの影響は小さくても発生頻度が高いため、積み重なると大きな影響を及ぼすことになります。常に注意を怠らないようにしましょう）
D：やり直しはできますか？
　　（リスクの大きさを承知の上で進むのもまた人生といえるのかもしれませんが、ゼロベースに立ち戻れるかなども視野に入れましょう）

Mental Health

ワーク⓬　セルフ・ストローク

ワークのねらい

「自分の健康は自分で守る」ことがセルフケアの基本です。そのためには、自分で自分に肯定的なストロークを与えられる自分づくりが欠かせません。このワークでは、これまでの経験をふりかえり、過去から自分への肯定的ストロークの種を整理します。

※「ストローク」とは、自他を認める働きかけ（承認）の総称。

進め方

このワークは3名1組（話し手・聞き手・記入者）で実施します。
①ワークシート①「ライフ・インベントリー」に、これまでの人生の出来事（経験・体験）を思い出し、絵や文章で表現します。入社から現在までのプロセスを山と谷の波で記入します。入社以来の自分の軌跡をふりかえり、とても充実していた出来事を山に、とてもつらく落ち込んでいた出来事を谷にして描きます。
「山」への記入は、「時間が過ぎるのも忘れるほど充実していたなぁ」「成長感、達成感を感じていたなぁ」という体験、出来事と、その理由を簡潔に書きます。また、「谷」の記入は、「つらい、落ち込んだなぁ」「何か充実感を感じない、マンネリしていたなぁ」という体験、出来事と、どのように乗り越えたかを簡潔に記入します。
②記入を終えたら、3名1組になり、インタビューに移ります。聞き手と記入者は、手元にワークシート②とワークシート③の2種類を準備します。インタビュー役の聞き手は、話し手の「山」「谷」について、どのような出来事があったのか、そのときの状況や気持ちなどを詳しく聞きながらポイントを整理します。話し手が当時の状況をより詳細に思い出すことで、「自分の大切にしていること」や「強み」「大事にしたい考え方」、いわゆる自分へのストロークが明らかになるように手助けします。記入者は話し手が語った内容を簡潔に記入します。
③インタビューを終えたら、ワークシート③の下段に話し手から感じられたセルフ・ストロークを、聞き手と記入者が共同で記入します。
④役割を替え、3名がそれぞれの役割を経験します。

ふりかえり&ポイント

ワークを終えたら、全体で気づいたこと、学んだことを分かち合います。

筆者は、「山」を「成功の時期」に例えています。何かを成し遂げたり、誰かと共感や感動体験をしたりといった、心地良い体験として記憶しています。一方、「谷」の経験は、つらく苦い思い出でしょうが、そのつらく苦しい出来事を乗り越えたとき、そのときは精一杯でも、あとになってふりかえってみると「あのとき成長できたなぁ」「あの苦しみがあったからこそ」などと「成長の時期」として、意味づけすることができます。

「成功の波」と「成長の波」を乗りこなす

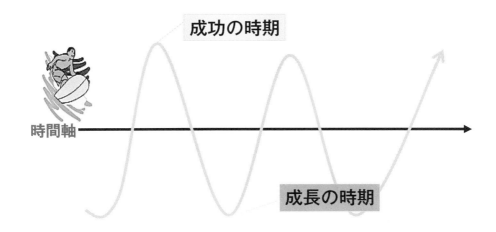

筆者自身の例を紹介します。筆者の「山」は、いまから20年ほど前の出来事です。いまは亡き師、岡野嘉宏先生から、「東京に来ることがあったら、ぜひ、会いたいので予定を教えて欲しい」と連絡をいただき、自己研鑽で上京した際に、青山のカフェでお目にかかりました。何気ない世間話のあと先生から、「将来、研究所を継ぐつもりで上京しないか」と、お誘いいただきました。

お誘いをいただいて、ずいぶん悩みましたが、重度の障害者のいる家庭の長男として、両親の世話をしたかったので、先生にお断りすることになりましたが、いまでもこの光景は鮮明に覚えています。先生のお顔もカフェの雰囲気なども。この光景を思い出すたびに筆者の中で、エネルギーが高まってくるのを実感します。

人生最大の「谷」は、いまから15年ほど前、母を末期癌で亡くし、残された重度障害の父を引き取ってからの出来事です。父は筆者が中学一年生のとき、酒気帯び運転で交通事故に遭い、それ以来、重度の障害者です。高次脳機能障害が重く、視力なども右目がほんの少し見える程度の状態でした。

Mental Health

　当時、筆者は実家のあった三河地方ではなく、同じ愛知県の尾張地方に住んでいました。父に「この先、どうしたい？」と尋ねると、「お前と一緒に暮らしたい」と言うので、「住み慣れたところを離れることになってしまうけれど、それでいいのかな？」と申し訳なさそうに問いかけると、「お前と一緒なら大丈夫！」と父は笑顔で即答してくれました。

　わたし自身、独立してこれから本格的に稼ぎたいと思っていた矢先に重度障害の父を引き取ることを迷わなかったわけではありません。これから出張が増えることになるけれど、その仕事を受けることができなくなることも想定し迷いはありましたが、父の覚悟を聞いて、母親にできなかった親孝行を父に恩返ししようと、わたしも父に「理想とはかけ離れているだろうけど、一緒に暮らそう」と答えました。

　周囲の方々は、「せっかくこれまで自己研鑽を積んできて、これからというときに、なぜ？」とか、「お父さんの人生なんだから、その責任はお父さんにあり、あなたが背負うことなどないじゃない。やっとこれから活躍できるという矢先なんだから、施設に入ってもらったほうがあなたのためよ！」と、筆者のことを思い、敢えて厳しい反対意見をくださいました。それでも筆者の覚悟を理解してくださると、気持ちを汲んでくださり、理解を示してくださいました。

　ふたりの暮らしがスタートすると、想像以上に葛藤の日々です。勝手に出かけてしまった父を、自動車や自転車で探し回り、父がお世話になった近所の方々にお礼やお詫びの品を届けまわる悲痛な日々がはじまりました。覚悟をもって父を引き取った以上、福祉施設のお世話になってはいけないという観念も持ち合わせ、ひとりですべてを背負っていました。

　当時は経営コンサルティングがメインの仕事でしたから、仕事の際は、父を自動車に乗せ、コンサルティング先に連れて行くことになります。車内で3時間ほど待たなければならない父のために、大好きな演歌や落語を聞けるように準備をし、父の負担を減らすことに努めました。真冬や真夏はエンジンをかけ続け、冷暖房を欠かさないなど、いろいろな苦労が伴いました。

　父を引き取り1年ほど経った頃でしょうか。父の体調が思わしくなく、病院で検査をすると、医師から、「癌が肺に転移しており、余命3ヵ月から長くて半年です」と宣告されました。もう目の前が真っ暗で、それからは途方に暮れる日々です。また親の喪主をしなければならないんだ…と。

　当時、筆者はホリスティック医学に関心を持ち、精力的に学んでいたため、東洋医学に救いを求めました。末期癌である以上、もう切ったり縫ったりする西洋医学ではなんともなりません。父の症状を治して欲しいなどとは思いませんが、せめて痛みが少なく、楽に逝かせてあげたいという一心で、全国の有名な東洋医学に父を連れまわりました。

　このころから研修の依頼も徐々に増えはじめたのですが、父の体調を思うと引き受けるわけにはいかず、断らなくてはなりません。せっかくのご依頼を断るわけですから、やりきれない気持ち、もうご依頼いただけないだろうという不安など、いろいろなネガティブな感

情が交錯していました。

　ときおり東洋医学への全国行脚から自宅のマンションに戻ると、つらそうな父を傍で見て、「ベランダから父を背負って飛び降りたら楽になれるかな？」と、何度も何度も想像し、思いつめていました。あとになって思えば、このころはうつ状態だったと思います。

　東洋医学の機器を購入し、父には毎日、朝、昼、晩と1日に3回、計270分、熱心に施しました。すると不思議なことに徐々に父の表情や体調が好転してくるのを実感するのです。奇跡は期待しませんでしたが、誤診だったのか、未だにはっきりしないものの、いまも父は元気に暮らしています。

　その頃から、研修の仕事で忙しくなり、全国への出張が多くなりました。当初は諦めていた仕事でしたが、出張のたびに父を連れていくことで凌ぐことにしました。研修の合間は宿の方に父のことをお願いして、研修会場に出かけていました。

　自宅にいると研修の準備に追われ、出張先では介護から解放されるどころか、移動だけでもかなりの負担です。そのため、睡眠不足が続き、「2時間寝られればラッキー」と自分に言い聞かせる激務の日々が数年続きました。ストレスからくる急性膵炎や腎臓結石で夜中に救急車で搬送され、それでも激痛を堪えて徹夜で宿に戻り、父の介護と研修を全うすることなどもありました。

　当時は、『子連れ狼』という時代劇からタイトルをお借りし、『親連れ赤頭巾』（オオカミではなく、赤頭巾ちゃんと自分を例え）と名づけて、沖縄や北海道などへの出張にも父が同行していました。疲労の中、唯一、宿に戻って地元の食材を父と一緒にいただく、その瞬間が至福のときでした。

　父の末期癌宣告は、筆者にとって、もう二度とないほどの苦しい日々でした。自殺する勇気がなかったため、ベランダの手前で躊躇しましたが、いまでは、このつらい日々を父とともに乗り越えたことで親子の絆はますます太く仲良しな親子です。

　ここ数年は、福祉サービスのサポートを得ていますので助かっています。しかし、それでも、介護の負担が年々増し、「親孝行のためだけの人生でいいのだろうか」と、もうひとりの自分がときおり問いかけてきます。介護と仕事のバランスで葛藤の毎日ですが、妻の笑顔や励まし、そして「よくやってるね」という賞賛に救われながらいまも乗り切っています。

　筆者にとって最大の「谷」のセルフ・ストローク（自己承認）は、「あの苦しい困難を乗り越えたのだから、○○くらいは何とかなるさ！」と、勇気づけてくれる、もうひとりの自分が存在することです。無理難題が目の前に立ち塞がろうとも、「あの出来事と比べたら、これくらいは何とかできるさ！」と、強固なレジリエンス（しなやかさ）がエールを贈ってくれるのです。もともとストレスに弱く、いまも研修の当日には、腹痛を繰り返すこともたびたびですが、それでもずいぶんとしなやかさを手に入れたように実感しています。

　上記の通り、父の末期癌を乗り越えたあとも激務の日々でしたし、体調を崩したこともありましたが、研修も介護も無事に乗り越えられたのは、苦しい出来事を乗り越えられた際、

Mental Health

既に筆者にはレジリエンスが手に入っていたからだろうと思います。

　草木も台風や強風に耐えることで根が育ち、強固な幹を育むことができるように、私たちにとって「谷」の経験は、そのさなかはつらく、苦しくとも、あとになってふりかえれば、強い基盤になっているものです。

　読者の方も、いろいろな苦労を乗り越えられた経験を数多くお持ちだろうと思います。ぜひ、「山」のプラスの出来事に加え、「谷」を乗り越えたご自身を鮮明に思い起こし、ストレスを前にしたとき、「谷」を乗り越えたときに得たセルフ・ストロークを思い浮かべて欲しいのです（ただし、フラッシュバックや心的外傷体験などは別です）。きっと力強い、しなやかなプレゼントが手に入ることと確信します。

　私たちにはいろいろな力が与えられていますが、その中で最もすばらしい力は、物事に意味を与えることのできる力ではないでしょうか。苦しみにさえ価値を見出し、ありがたいと思うことができ、逆境においてさえ微笑むことのできるのが私たちではないでしょうか。

　私たちにとって自由とは、決して、思うままにならない諸条件から自由になることではなく、それらの諸条件をどのように自分なりに受けとめていくかということにおける自由なのです。

　人間が人間である以上、過去の深い悲しみを忘れ去ってしまうことはできません。しかし、私たちには、たいへんありがたい能力が与えられています。それは、過去の悲しみを無理に忘れようとするのをやめて、想い出にできることです。しかも、私たちには、それらの"想い出たち"にあとから価値を与えて、宝物にしてしまえるという能力を与えられています。どれほど悲しい想い出にも、貴重な価値があり、そのことがあったからこそ、その悲しみを通じて成長できた現在の自分がいるのです。

　エグゼクティブ・カウンセリングをしていると、うつ病から快復したあとに、「うつ病になったお陰で…」という感想を語る経営者が多いことに胸を熱くします。

　病気は悪いもので治療するもの、消し去るもの、もともとない方が良いものと考えがちですが、こころの病気は生き方を見つめ直し、問い直すSOSである場合が少なくありません。

　Ｄさんは、従業員100名ほどの企業の経営者で、カリスマ性があり、仕事のできる優秀な経営者でした。目標を執拗に追い、競争心が高く、趣味は仕事という人でした。自分がうつ病になるとは思ってもみなかったようです。実際は、タイプＡというストレスをためやすい性格傾向だったのですが。その彼がうつ病になったことで、生き方がずいぶんと変わり始めました。もちろん、仕事に対する見方もかなり変化してきました。これまでは業績中心だった給与を年功序列に戻したり、「愚痴を吐き出すだけでいいから、カウンセリングを積極的に活用したら」と、福利厚生でカウンセリングを積極的に推奨しているのです。うつ病になる前は、カウンセリングを否定し、毛嫌いしていたＤさんが、いまも定期的にエグゼクティブ・カウンセリングを熱心に受けています。

優しさということを考えるとき、私たちはとかく"他人"に優しくすることばかり考え、それ以前に"自分"に優しくすることを忘れがちです。「どうしてお前は、もっと他人に優しくできないの！」と自分を責めたりしています。しかし、他人に優しくできるためには、まず自分自身に優しくならなければなりません。それは決して、自分に甘い点をつけるとか、いい加減に生きるということではなく、まして利己的に生きることでもありません。それはどんなに惨めな自分も、それを受け容れていくということなのです。

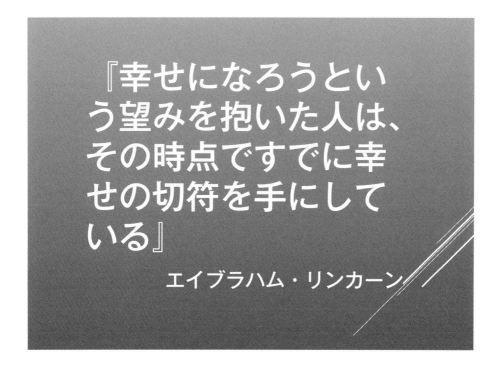

『幸せになろうという望みを抱いた人は、その時点ですでに幸せの切符を手にしている』

エイブラハム・リンカーン

　筆者は幼少の頃から、楽しいことや嬉しいことを後回しにして、いまの苦労や努力の結果、将来に楽しみや幸せがあると思い続けてきました。そのため、「月月火火水木金」といった超ハードワークに耐え、将来、訪れるであろう幸福のために、喜びや楽しみを後回しにしてきました。
　どうも、成功が先で、そのあとに幸せが訪れるのではなく、幸せな瞬間を体感することが成功につながるようです。もちろん、年代（10代から20代）によっては、従来の生き方でも良いと思える時期もあるのでしょうが、勤勉な私たちは、幸せや楽しみの種まきが下手なような気がしています。
　筆者は父の介護への比重を高めざるを得なかったことをきっかけに、苦労や努力をして幸せを勝ち取るのではなく、幸せな瞬間を多く、家庭の中（仕事の中）に種まきをしておくこと、成功が先で幸せがあと…ではなく、幸せが先で成功（充実）があと、という姿勢を自

Mental Health

分の中に取り入れることができつつあります。

「あなたにとって幸せだな…と感じられる瞬間はどのようなときですか？」その瞬間を日々の生活の中に積極的に取り込み、ストレスを防止することがセルフ・ストロークにもつながると思います。

＜筆者の例＞日常生活の多くの機会に、以下の種まきをしています
- 父を連れ出すドライブ
- 雑誌『LEON』を見ているとき
- 旅行のプランを立てているとき
- うぐいすの鳴き声が聞こえてくるとき
- 妻とコタツに入りながら、お茶をしているとき
- 好きな絵を眺めているとき
- 木漏れ日を感じられるとき
- 心地よい風が部屋を通り抜けるとき
- 掃除をし終え、部屋がきれいになったとき
- 床暖の上で寝そべっているとき（昼寝しているとき）
- 落ち着くカフェで、おいしいコーヒーを飲んでいるとき
- 将来住みたい居住空間を想像しているとき
- 紅葉や桜など、ステキな景色に遭遇したとき
- ゆっくりと温泉にはいっているとき
- 地中海のクルーズ旅行を想い出しているとき
- 家族でおいしい夕食を食べているとき
- 父の幸せそうな笑顔を見ているとき
- 新しい洋服に袖を通すとき
- 仕事の依頼をいただいたとき
- 自慢の腕時計を身につけたとき
- SNSでストロークをもらえたとき
- 参加者からストロークをもらったとき
- だじゃれを妻が絶賛してくれたとき
- 新著が家に届けられたとき
- 書籍の構想が浮かんだとき
- 感動する書籍に出逢ったとき

「人生、つらいことを探せば
　つらいことばかり、
　いやなことを探せば
　いやなことばかり、
　うれしいことを探せば
　うれしいことばかり、
　ありがたいことを探せば
　ありがたいことばかりだ」（山本紹之介）

「人に親切にすることは大切だが
　人から親切にしてもらったとき
　それが親切だとわかることの方が
　いっそう大切だ」（山本紹之介）

「『しあわせだなあ』
　とつぶやいていると
　ほんとうにしあわせに思えてくるから
　不思議だ」（山本紹之介）

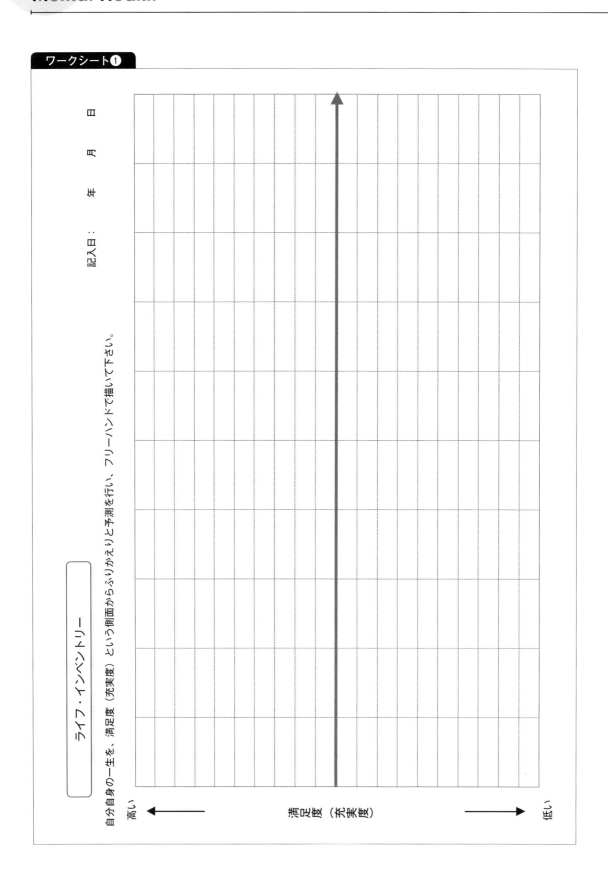

ワークシート❷

ライフ・インベントリー・インタビューシート①

「山」のエピソード
- 充実感が高かったのは、どのような出来事で、その結果どのようになりましたか？ 特に努力したこと、障害を乗り越えたことなどを詳しく話してください。

- そのような中で、特にうれしかったこと、やりがいを覚えたことは何でしたか？

- いま思うと、何があったから頑張れたのですか？ 何を大切にしていたのですか？ 自分へのストロークは？

Mental Health

ワークシート❸

ライフ・インベントリー・インタビューシート②

「谷」のエピソード
☐ 充実感が低かったときには、どのような出来事で、その結果どのようになりましたか？ 特にたいへんだったこと、がんばったけれどうまくいかなかったことなどを詳しく話してください。

☐ そのような中で、特につらかったこと、落ち込んだことは何でしたか？

☐ いま思うと、この経験で学んだこと、身につけたこと…自分へのストロークは何ですか？

インタビューを終えて、話し手について感じたこと（話し手らしさを感じる強みや行動、考え方などストロークを）

ストレス対処法⑫ 健康的なライフスタイルを築く

　本来、健康とはどういう状態をいうのでしょうか？　WHO（世界保健機関）憲章の前文中にある健康の定義は「健康とは、身体的、精神的ならびに社会的に完全に良好な状態であり、単に病気や虚弱でないことに留まるものではない…」と表現されています。単に病気や虚弱ではなく、身体的には体力値が高く、知的には適切な教育を受け、社会的には豊かな人間関係があり、精神的にも安定している状態ということになります。しかし、この定義に照らし合わせて、「わたしは健康です」と言い切れる人はどれくらいいるでしょうか。

　筆者自身、上記の定義を健康と受けとめた場合、自分が健康であると主張できるのは、年に数日しかないように思います。

　そこで、「健康とは環境の変化に適応し、自分の能力を十分に発揮している状態」と捉えてみてはいかがでしょうか。多少の病気であったとしても、悩みを持っていたとしても、そのことを自覚し、そして、そのことに対処しようとしていることは健康なのだと思います。肝心なのは、見ないふり、知らないふりをせず、しっかりと自分の状態に気づくことです。そして、気づいたら、健康な状態を築き上げることに手抜きをしないことです。

　ストレス学説の創始者であるハンス・セリエ博士は、「ストレスがどれだけあるか、何が起こるのかが問題なのではない。問題は、あなたがそれに、どう対応していくかである」と述べています。

　これまでのさまざまな調査研究で、ライフスタイルの良い人は、精神的にも健康な人が多いことがわかっています。心身の健康を害していく過程には、睡眠時間や食事の不規則、飲酒や喫煙量の増加、運動やレジャー活動の減少などが認められていますが、それはこのような状態が長く続くことによって、不眠傾向、抑うつ気分、意欲や能率の低下などが生じてくるからです。

　「心身一如」の言葉通り、こころとからだは密接につながっています。健康に良いライフスタイルを保つことは、こころの健康の維持増進につながるのです。

　米国カリフォルニア大学のブレスロー博士は、以下の７つの健康習慣を多く実行している人ほど病気が少なく、健康でいられると報告しています。この関連は、その後の米国の大規模な調査でも立証されています。

　①適正な睡眠時間
　②喫煙をしない
　③適正体重を維持する
　④過度の飲食をしない
　⑤定期的に運動をする
　⑥朝食を毎日食べる
　⑦間食をしない

Mental Health

健康的なライフスタイル

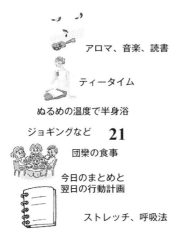

リラクセーション（イメージトレーニング）あれこれ

　本章の最後に、さまざまなリラクセーション（イメージトレーニング）を紹介します。

　リラクセーションを実行するときに、よく起こる問題を考えてみましょう。ひとつは雑念が浮かんでくるということですが、気にすることはありません。呼吸に合わせて、呪文を唱えてください。

　また、リラクセーションをやっているときに中断されたり、気が散ったりすることがあります。そうならないように、なるべく専念できる場所と時間帯を選んでください。慣れれば、多少のことは気にならなくなりますが、はじめは特に集中しやすい環境を選んでください。

　自分に合ったリラクセーションが見つかるまで、いろいろと試してください。自分に合ったリラクセーションやイメージトレーニングが見つかったら、一日のスケジュールに、カルテに必ず組み入れてください。

(1) リラックス法

①気が散ったり、中断されたりしない落ち着いた場所を選びます。

②他の用事がなく、時間の余裕があるときを選びます。また、食後の2時間以内は避けた方が良いでしょう。

③気持ちを集中させるために、唱える言葉（「呪文」のようなもの）を決めます。どのような言葉でもかまいませんが、あまり長い単語や難しい単語は避けた方が良いでしょう。

例)「とてもおだやか」「今ここを楽しんでいる」
④上手にやろうなどと思わず、自然な気持ちで行います。雑念が湧いてきても、それは自然なことなので、気にする必要はありません。
⑤楽な姿勢をとってください。場合によっては、寝転んで行うこともお勧めします。

準備ができたら、次のように始めてください。

　a 楽な姿勢で座り、目を閉じます。
　b 足のほうから上に向かって、順に体の力を抜きます。
　c 鼻で静かに息を吸い、1回吸うごとに、先ほど決めた言葉を唱えます。1回息を吸って吐いてから「○○」と唱え、また呼吸をします。この呪文は声を出さずに、こころの中で唱えてもかまいません。
　d これを10分から20分間続けます。時計のアラームを使わずに、自分で時計を見てください。

終わってからも、しばらく目を閉じたまま、静かにしていてください。次に目を開いて、もう数分そのままでいてください。

このa～dを毎日1～2回ずつ実行してください。時間と場所を決めておけばなお良いでしょう。効果がすぐに現れなくても焦らないでください。

(2) 漸進的リラクセーション

これは、無意識のうちに生じた神経・筋肉系の緊張を意識的に弛緩させることによりリラックスする方法で、米国の医学者エドモンド・ジェイコブソンによって開発されました。

リラクセーションとは、筋肉の緊張と弛緩をくり返し行うことでからだがリラックスしたことをはっきりと感じることです。リラックス感が得られることが重要なのです。最初は右手などからだの一部分のリラクセーションを会得し、その後、右腕全体、両腕というように漸進的に範囲を広げていきましょう。

寝転がった状態で目を閉じ、意識的な筋緊張から脱力の順で緊張を軽減します。このときその部位に意識を向けることが重要です。長所としては意識的リラックスが可能(ストレスによる不安、緊張を解消し、関連疾患の予防、軽減に効果的)であるのに対し、時間がかかり習得が難しいのが難点です。そのため、簡略化筋弛緩法や呼吸法との組み合わせが良いといわれています。

筋肉の緊張を取り去ることによって余分な刺激を頭に送らず脳の興奮を和らげ心身のリラックスができます。

練習はからだのどこからはじめても良いのですが、利き腕から取り組むとリラックス感がもっとも得られやすく、自分で触れてみる、動かしてみるなど、リラクセーションの程度を見当づけられるので、利き腕から取り組むことをお勧めします。なお、練習場所などについては、自律訓練法と同じです。

Mental Health

＜リラクセーションを進める部位と順序＞
①手と腕（右手→左手→両手→前両腕→両腕二頭筋）
②顔（額→目→あご→舌→唇）
③首（後→右→左→前）
④肩（上下→前後）
⑤胸
⑥腹
⑦背中
⑧脚
⑨全身

＜漸進的リラクセーションの進め方＞

あらかじめ、次の手順を録音しておき、その声に従ってリラックスすることをお勧めします。また、同時に大きな鏡の前で自分の姿を見ながら練習すると習得が早いでしょう。

この練習は一度に全部を行うわけにはいかないので、①、②…と少しずつ区切って、①から⑧までひとつずつ完成させてから⑨全身へ移りましょう。

各練習終了後はすぐに立ち上がらず、1分間ほど目を開けたまま静かにそのままの姿勢で過ごしてください。

①－Ａ：手のリラクセーション
・気分を楽にしてリラックスし、くつろぎましょう。右手のこぶしを固く握り締めます。そのままの状態で手の緊張の具合を確かめます。右のこぶし、手、前腕に緊張を感じましょう。（約10秒、左利きの人は左手から）
・今度は一気にリラックスしましょう。右手の指をゆるめ、緊張したときとどう違うかを良く味わいます。（約20秒）
・もう一度右手のこぶしをしっかり握り締め、そのまま緊張に注意を向けます。（約10秒）
・リラックスします。指をゆるめてもう一度緊張との違いに注意を向けましょう。（約20秒）
・今度は左手です。左のこぶしを握り締め、からだの他の部分はリラックスさせます。（約10秒）
・リラックスします。違いを良く味わいましょう。
・もう一度、左こぶしを固く握ります。（約10秒）
・リラックスします。良くリラックスしてその違いを味わいましょう。そのまま、しばらくの間リラックスし続けます。（約20秒）
・今度は両方のこぶしを固く、ギュッと握り締め、前腕を緊張させ、その感覚を良く味わいましょう。（約10秒）
・リラックスします。指をゆるめ、リラクセーションを感じましょう。手や腕をもっとリラッ

クスし続けましょう。（約 20 秒）

①－B：腕のリラクセーション
- 肘を曲げて二の腕に力を入れます。肘を強く引き締めてその緊張感覚を確かめましょう。
- リラックスします。腕を元に戻し、力を十分に抜きましょう。（約 20 秒）
- もう一度、肘を曲げ力を入れます。緊張を保ち、それを良く感じましょう。（約 10 秒）
- 腕を元に戻してリラックスします。できるだけリラックスしましょう。（約 20 秒）
- 次は腕を力一杯伸ばします。二の腕の筋肉（二頭筋）の部分に力を入れ、緊張を感じましょう。（約 10 秒）
- リラックスします。腕を楽な位置に戻します。そのままリラクセーションを続けましょう。リラックスするにつれて腕への気持ち良い感じが強くなってきます。（約 20 秒）
- もう一度、腕を力一杯伸ばします。力を入れて強く緊張を感じましょう。（約 10 秒）
- リラックスします。腕の完全なリラクセーションに注意を向けましょう。両腕を楽にして、どんどんリラックスします。もっと腕をリラックスし続けます。腕がすっかりリラックスしたと思われても、もっとそれを続けましょう。もっともっと深いリラクセーションに入るようにしましょう。（約 20 秒）

②－A：額のリラクセーション
- からだじゅうの筋肉をゆるめ、静かに楽に後ろへもたれます。額に皺を寄せます。もっと固くもっと固く皺を寄せましょう。（約 10 秒）
- 一気にリラックスします。楽にして皺を伸ばします。額から頭にかけて皺がなくなると想像しましょう。（約 20 秒）
- 額をしかめ、眉に皺を寄せます。（約 10 秒）
- リラックスします。緊張を取り去り、額の皺を伸ばしましょう。（約 20 秒）

②－B：目のリラクセーション
- 目を固く閉じます、もっと固くもっと固く…（約 10 秒）
- 閉じたままの目の力をパッと抜き、楽にリラックスします。目はそっと楽に閉じたままにして、リラクセーションに注意を向けましょう。（約 20 秒）

②－C：あごのリラクセーション
- あごをかみ合わせて歯をギュッとかみ締めます。下あご一杯に広がった緊張を良く確かめましょう。（約 10 秒）
- リラックスします。上下の歯と唇を軽く離します。…唇のリラクセーションを良く確か

Mental Health

めましょう。(約20秒)

②-D：舌のリラクセーション
- 舌を上あごの天井に強く押しつけます。舌の緊張を十分確かめましょう。(約10秒)
- リラックスします。もとのリラックスした楽な位置に舌を戻し、リラクセーションを感じましょう。(約20秒)

②-E：唇のリラクセーション
- 唇をつぼめ、上唇と下唇を押しつけます。もっともっと固く押しつけましょう。(約10秒)
- リラックスします。緊張とリラクセーションを良く比べてみましょう。リラクセーションを顔全体に感じましょう。額、頭、目、あご、舌、唇にも感じましょう。リラクセーションがどんどん進んでいきます。(約20秒)

③首のリラクセーション
- 首の筋肉に注意します。頭を後へ反らせて首の後の部分を押しつけるようにし、首に緊張を感じます。頭を右へ曲げて、緊張が移動するのを感じ取りましょう。次は頭を左へ曲げます。次は頭をまっすぐに起こし、次いで、前へ倒してあごで胸を押さえつけるようにします。後、右、左、前の順に進め、力を入れて緊張を感じましょう。(約10秒)
- リラックスします。頭をもとの楽な位置に戻し、リラクセーションを感じます。リラクセーションがだんだん進んでいきます。(約20秒)

④肩のリラクセーション
- 肩をギュッとすぼめ、そのまま緊張を保ち続けます。(約10秒)
- リラックスします。十分に肩を落としてリラクセーションを感じとります。首と肩がリラックスしています。(約20秒)

- もう一度肩をすぼめ、ぐるぐる動かします。肩を上下、前後に動かして、肩と背中の上の方に緊張を感じとりましょう。(約10秒)
- 肩をもう一度落として、リラックスします。肩から背中の筋肉まで、深くリラクセーションを染み透らせましょう。首、のど、あごのほか顔の各部もリラックスさせましょう。完全なリラクセーションが起こり、それがますます深く、深くなっていきます。(約20秒)

⑤胸部のリラクセーション
- できるだけ努力してからだ全体をリラックスさせます。リラクセーションの結果得られ

た、からだが重いという快適な感じを良く感じとりましょう。楽に、しかも自由に息を吐き出すたびにリラクセーションが増していくことに注意を向けましょう。息を吐き出すごとにこのリラクセーションを感じとりましょう。（約 20 秒）
- 空気を吸い込んで、胸いっぱいに満たし、そこで息を止めて力を入れ、緊張を感じます。（約 10 秒）
- 息を吐き出します。胸全体がだんだんゆるみ、自然に肺の中の空気を外に押し出します。リラックスし続け、自由に静かに呼吸します。リラクセーションを感じとって、それを良く味わいましょう。（約 20 秒）
- 肺一杯に息を吸い込み、力を入れます。そのほかはからだのどこもできるだけリラックスさせます。（約 10 秒）
- 息を吐き出します。ホッとした安堵感を味わいましょう。いつものように楽に呼吸をします。胸をそのままリラックスし続け、そのリラクセーションを背中、肩、首、腕などに押し広めていきましょう。…そのままリラクセーションを続けましょう。（約 20 秒）

⑥腹部のリラクセーション
- 胃のまわりや下腹の筋肉を引き締めて腹部を緊張させましょう。（約 10 秒）
- リラックスします。筋肉をゆるめて前の状態と比べます。（約 20 秒）
- もう一度、腹筋を緊張させます。緊張をそのまま保って、良く感じとりましょう。（約 10 秒）
- リラックスします。腹筋のリラクセーションで得られるゆったりした感じに注意しましょう。（約 20 秒）
- 腹筋を内側に引っ込ませてこの部分の緊張を感じとりましょう。（約 10 秒）
- リラックスします。胃を外側に押し出します。ふつうに楽々と呼吸を続け、腹のあたりに静かに揉みほぐすマッサージのような運動があるかのように感じとりましょう。（約 20 秒）
- 胃のあたりを引っ込ませ、突き出します。もう一度引っ込ませ、力を入れて緊張を感じとりましょう。（約 10 秒）
- リラックスします。リラクセーションが深まるにつれて緊張がほぐれていきます。息を吐き出すたびに、肺と胃に感じるリズムをもったリラクセーションに注意を向けましょう。胸と胃がますますリラックスしてくることに良く注意を払いましょう。…からだ中の筋肉の緊張を全部取り去るようにしましょう。（約 20 秒）

⑦背中のリラクセーション
- 背中に注意を向けます。ぐっと後へ反り返って、背中が湾曲するようにし、背骨に緊張を感じとります。（約 10 秒）
- もう一度、背中を反らせ、緊張を感じとります。からだのほかの部分は全部リラックスさせます。背中全体に緊張をまとめておき、ほかに及ぼさないようにしましょう。（約

10秒)
- リラックスします。ますますリラックスしてきます。背中の上の方も下の方もリラックスさせましょう。リラクセーションを胃や胸、肩、腕、顔などにまで広めていきましょう。リラクセーションがどんどん深くなっていきます…。(約20秒)

⑧**脚のリラクセーション**
- 膝を曲げて、ふくらはぎで腿の裏を強く押しつけます。(約10秒)
- リラックスします。違いを確かめましょう。(約20秒)
- 膝を伸ばして腿を緊張させます。そのまま緊張を続けましょう。(約10秒)
- リラックスします。(約20秒)腿のリラクセーションを良く感じましょう。

⑨**脚および全身のリラクセーション**
- 足首から先とつま先を下へ押し下げ、ふくらはぎを緊張させます。次に足首から先を自分の顔の方に曲げます。すねの方に緊張が感じられるように。(約10秒)
- リラックスします。しばらくの間リラックスし続けましょう。…自分でもっとリラックスしましょう。足、くるぶし、ふくらはぎ、すね、膝、腿、尻…すべてがリラックスしているように。リラックスするにつれて、下半身がダランと重いのが良く感じられます。…腹、腰、背中の下の方までリラクセーションを広げていきましょう。リラクセーションをからだ中で感じましょう。リラクセーションが背中の上の方、胸、肩、腕、さらには指の先まで行き渡ってきます。もっともっとリラクセーションが深まってきます。のどにもまったく緊張がありません。首もあごも顔も筋肉が全部リラックスしています。しばらくの間、からだ全体をリラックスしたままにしておきましょう。(約1分)
- 深く息を吸い込み、ゆっくり吐き出します。今までの2倍もリラックスします。目を閉じて自分のまわりの物や動きにあまり注意を払わないようにし、緊張を抑え、深く呼吸し、ますます自分が重くなったと感じましょう。息を長く深く吸い、それからゆっくりと吐き出しましょう。自分が重く、またリラックスしたことがよく感じられます。(約1分)
- 完全にリラックスしています。からだの筋肉ただひとつでも動かしたくなくなったように感じます。右手を上げるのも骨が折れるほどです。(約2分)

(3) ブリーフ・リラクセーション

1977年、米国のハーバード大学医療センターの准教授だったベンソン氏(H. Benson)は、ストレスによって生じる高血圧の治療にこのブリーフ・リラクセーションを利用して大きな成果をあげました。

ある会社で高血圧に悩む多数の社員にブリーフ・リラクセーションを実施した結果が記録として残されています。

ABCの3つのグループを構成し、ひとつのグループだけにブリーフ・リラクセーションを8週間にわたって実施したところ、血圧降下にはっきりと効果があったことが証明されました。（図参照）

グループ	実施内容	平均血圧降下量 収縮期（最高血圧）	平均血圧降下量 拡張期（最低血圧）
A	8週間、毎日午前・午後各1回、15分間のリラクセーション訓練を実施	12.0mm/Hg	7.9mm/Hg
B	休憩のみ	6.5mm/Hg	3.1mm/Hg
C	休憩なし	0.0mm/Hg	0.3mm/Hg

＜ブリーフ・リラクセーションの準備＞

明る過ぎず暗過ぎず、適度な室温で、なるべく静かな部屋の環境を整えてください。ベルト、ネクタイ、メガネや腕時計、上着など、からだを締めつけているものは外します。靴や靴下も脱ぎましょう。空腹や満腹の状態も避けます。トイレも済ませておきましょう。極端な暑さ、寒さも避けてください。

私たちが眠りにつくときのような状態がベストなのですが、すべて整っていないとできないということではないので、あまり神経質にならないことも大切です。

＜ブリーフ・リラクセーションの進め方＞

椅子に腰掛けて首筋、背筋をまっすぐに伸ばします。軽く目を閉じて、両腕を脇に垂らします。両足は投げ出すように前方へ伸ばします。

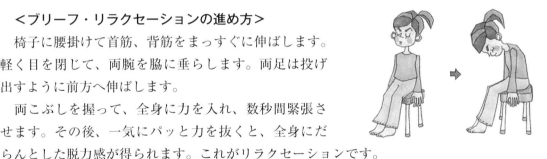

両こぶしを握って、全身に力を入れ、数秒間緊張させます。その後、一気にパッと力を抜くと、全身にだらんとした脱力感が得られます。これがリラクセーションです。

十分にリラックスすると、手足の先端がポカポカする感じやしびれる感じがあらわれます。歯はかみしめず、頭の中は空っぽにしておきましょう。

はじめのうちは雑念が浮かんでくるかもしれませんが気にし過ぎないようにしましょう。特に腹式呼吸などをこころがける必要はなく、自然な鼻呼吸で結構です。息を吐き終えるたびに「ひとーつ」「ふたーつ」とこころの中で繰り返します。

このとき、深いリラクセーションが得られたかどうかは気にしないようにしましょう。

受け身の態度を保ち続け、リラクセーションが自然に得られるのを待つというこころ構えが大切です。

以上を約5分続けます。

Mental Health

<消去動作>

終わったら、意識を現実の生活に戻すために「消去動作」を必ず行いましょう。

目を閉じたまま、こぶしを握り、両腕を胸に引き寄せてぎゅっと曲げます。そして勢いよく前に伸ばしながら手を開きます。これを3回繰り返し、深呼吸を1回行って目を開けましょう。

(4) イメージトレーニング

① 5分間リラックス呼吸をする。自分の呼吸の音に耳を傾ける
② リラックスしてきたら目を閉じ、自分の前に大きな映画のスクリーンがあるのを想像する
③ スクリーンが「見え」たら、できるだけリラックスした情景を思い浮かべる。細部まで想像する
④ そのイメージの中にいる自分を観察する。こうありたいと思う自分が、いつもポジティブに行動し、話し、考えているのを見る
⑤ そのシーンに入り込む。自分やまわりの情景を「見る」
⑥ 周囲の音を「聞く」
⑦ 風やものの質感、温度などを「感じる」
⑧ すべてがしっかりこころに焼きついたら、スナップ写真を撮って（またはストップモーションをかけて）、イメージと音と感覚を完成させる
⑨ リラックスし、ポジティブな感覚が意識を通して働くようにする（努力する必要はありません）
⑩ 必要であれば、最初からもう一度

(5) イメージトレーニング 「あなたの特別な場所」

気楽に落ち着いて、ゆっくり目を閉じてください。片手を強く握ってください。腕や手がどれくらい固いかに注意を向けてください。では、一挙に手を開いて力を抜いてみます。1、2、3…腕や手が柔らかく、そして重たく感じることでしょう。では、もう片方の手をぎゅっと握って、先ほど同様に強く握りましょう。腕や手の固さを感じてみます。では、手を開いて力を抜いてみます。1、2、3…両手が柔らかく、そして重たく感じることでしょう。

次は顔に移ります。困ったときのように、ぎゅっと顔を緊張させましょう。歯の上下を強く合わせ、思いきり強くかみます。では、顔全体の力を抜いてリラックスします。1、2、3…穏やかな気分になったことでしょう。

今度は両肩を耳に付く位まで上げましょう。両肩が固くなっていることを感じてください。

次はお腹です。太鼓のように強くお腹を張りましょう。はい、1、2、3…で力を抜いてリラックスします。静かにゆっくりと呼吸をすると、お腹の動きがわかりやすいと思います。

からだ全体をリラックスして、重く感じられることでしょう。腕も、足も、顔も、そしてお腹も。息を吐くと、より身体が重くますます重く感じるでしょう。
　リラックスしようとしてはいけません。リラックスできるようになりますから。
　あなたは特別な場所にいると想像しましょう。そこはとってもあなたが好きな場所で、安全で、そしてとても美しい所です。それは、実際にある場所でもいいし、あなたの空想の世界でも結構です。リゾート地の浜辺や森林浴が感じられる緑の中かもしれません。ひょっとするとあなたの素敵な部屋の中かもしれません。あなたの大好きな人や大切なペットが一緒かもしれません。どのような場所でもいいですから、あなたの選んだ好きな場所をイメージしてください。(15秒)
　あなたはとても楽しいひと時を過ごしています。しばらくそこで過ごしてください。(2分)
　この特別な場所には、いつだって望みさえすれば戻ってくることができます。そこはあなたの場所なのです。そしてそこはいつも安全です。その場所に帰ってくると、あなたは幸せを感じ、そして楽しい気分になります。さぁ、背伸びをしましょう。
　はい目を開けて、身体の中から、本当に気持ちが良くなってきたと感じましょう。

(6) クリアリングスペース

　ゆっくりゆっくりとリラックスできる環境を整えてください。(座り方を直してください。指輪やイヤリングを外してください)
　静かに耳を澄ましてみます。いまどんな音が聞こえてくるでしょうか？ 足は床とどのように接しているでしょうか？ おしりは椅子とどのように接しているのでしょうか？ 背中や肩はどんなふうでしょう？ そして、からだ全体はいまどんな状態で部屋にいるのでしょう？
　では注意を少しずつからだの中に向けてみましょう。全体的にわたしのからだの中では、いまどんな感じがするのかなぁ？ 自分のからだに、そ～っとささやいてみてください。ゆっくり、ゆっくりと感じられるもの、浮かんでくることを待ってみてください。何かのイメージが浮かんでくるかもしれませんし、何かの感情や事柄が浮かんでくる方もあるかもしれません。それから、からだのある部分の感じが浮かんでくるかもしれません。どんなことでも構いません。何か浮かんでくることを探そうと一所懸命な、そんな方もいらっしゃるかもしれません。それはその感じで結構です。「あぁ～そんな感じがしているんだなぁ～」と、やさしく、その感じと一緒にいてみてください。「あぁ、わたしはいま○○な感じがしているんだなぁ」と、その感じが味わえたら、「わかったよ！わたしはいま、こんな感じなんだねぇ」「こんな感じとそばにいるんだね」…と。もし、その感じともっとつきあっていたいなぁと思う方がいらっしゃるかもしれませんね。また、チャンスがあればその感じと出会うことができますから、いま少しその感情をどこかに置いておこうと思います。その感情を置いておくのにピッタリの場所を探してください。「見つかりましたか？ 見つかりそうですか？」
　置き場所を探してみて、見つからない方もいらっしゃるかもしれません。その方は「見つ

Mental Health

からないなぁ」という、その感じを置く場所を見つけてみてください。（ある人は遠くの水平線の彼方に置くかもしれませんし、ご自分のポケットの中や土の中に入れるかもしれません）

　置けそうですか？　では、そこに置いて、置いたときの感じはどんな感じですか？　置けなくて困ったなぁという方も、その置けないで困ったなぁという感じはどんな感じでしょうか？　少しゆっくりその感じとつきあってみてください。（次のことに移りたいので）いまこのことから少し離れますけどゆっくりと部屋の様子を思い浮かべてみてください。「いま、どんな音が聞こえてきますか？　足の裏は、床にどんなふうについているかなぁ？　背中は椅子にどんなふうについているかなぁ？　何か、この部屋にいるイメージが湧いてきましたか？」では、この部屋のイメージとつながった人はゆっくりと目を開けてください。ゆっくりでいいですよ。

　このセッションを終わりたいと思います。準備ができてからでいいですよ。もう少し時間がほしいなぁという人はいらっしゃいますか？

(7) 通勤時のリラックス

①肩を思いっきり上げます。そして、ストンと脱力します。
②腕を曲げて力を入れます。そしてストンと下に伸ばして脱力します。
③背中、お尻、お腹、足、指などに力を入れ、脱力します。

　順番や場所は問いません。周りに不審に思われないように、自然に行える部分を行えるだけやってみましょう。いずれも、意識して力を入れ、意識して脱力するのがポイントです。

　筋肉を緊張させるというのなら、無意識に身を固くしているのと変わらないと思われるかもしれませんが、効果はまったく違います。事実、スポーツ医学でも、筋肉トレーニングはどこを鍛えているのかを意識するのとしないのとでは効果が大きく異なってくるとされています。意識的に筋肉を動かす場合、緊張と脱力を効果的に行うことで、血液の循環を促進し、筋肉を活性化します。しかし、無意識に力が入っている場合、その部分は意識して脱力されることがないため、筋肉が鍛えられるどころか、むしろ血流が滞り、疲労が「無意識」のうちに蓄積していまいます。その結果、肩こりや腰痛といった症状となって表れてきます。そこで、筋肉を意識的に緊張させることで、無意識の緊張から解放してあげます。

(8) パソコンの前でリラックス

①指を思いっきり広げて、脱力させます
②肩を思いっきり上げて、脱力させます
③腕を左右にひねって、脱力させます
④頭に手を添えて、左右、上下に軽く押さえます。ほどよく気持いいところで止めます
⑤目をギューっと閉じ、パッと開きます

（9）休憩時間にリラックス

木陰や好きな絵の前などで

①手を広げます。ラジオ体操のようなポーズで、木や好きな絵から出ているいいイメージを取り込むようなつもりで
②鼻からゆっくりと息を吸います（8秒間）
③口で「ふーっ」と言いながら、ゆっくりと息を吐きます（8秒間）

吸う空気には、好きな色のイメージを重ね、それが毛細血管の隅々まで行き渡ることを想像しながら行いましょう。また、息を吐くときには、「もうミスなんかしない」「課長を許そう」というように、トラブルの際にこころに残ったモヤモヤを一緒に吐き出すようなイメージで行います。

（10）会議の前にリセット

①鼻からゆっくりと息を吸います（8秒間）
②口から「ふっ」と一気に強く息を吐きます（4秒間）
③上の①～②を数回繰り返し、鏡を見てにっこり笑ってみます

休憩時間のリラックスとは異なり、ほどよい緊張感が欲しいときに行うリラクセーションです。アスリートが試合のときなどに「フッ、フッ」と呼吸を整えているのを見かけませんか。試合などはリラックスし過ぎてもダメですし、かといって緊張し過ぎて固くなっても困ります。呼吸によってリラックスし、ほど良い緊張状態にコントロールしています。

（11）寝る前のリラクセーション

①横たわり、からだを一部ずつ軽くゆすって脱力していることを確認します
②鼻からゆっくりと息を吸います（4秒間）
③口から「ふーっ」とゆっくりと徐々に息を吐きます（8秒間）
④上の②～③を3回ほど行ったら、同じペースで鼻呼吸を続けます

からだの疲れはもちろん、無駄な悩みなどのこころの疲れも翌日に残さないことがこのセットの目的です。口から息を吐くときに、翌日に持ち越したくない悩みをいっしょに吐き出してしまいましょう。その際に、継続すべき悩みやトラブルから学んだことは、頭やこころの引き出しに整理するようなイメージで。すべてを忘れてしまうことは難しくても、整理して次の日の課題とすれば、その日はぐっすり眠れます。

Mental Health

ラインケア
－風通しの良い職場づくり－

📖 ワーク❶ ： カウンセリング・マインド①

✏️ ワークのねらい

ラインケアの役割や責任の理解と傾聴の大切さを自覚します。

✏️ 進め方

ラインケアの主な役割は次の4つになります。
　①職場環境等の問題点の把握と改善
　②「いつもと違う」部下の把握と対応
　③部下からの相談への対応
　④メンタルヘルス不調の部下の職場復帰への支援
ここでは、②と③について、詳しく解説します。

「いつもと違う」部下の把握と対応

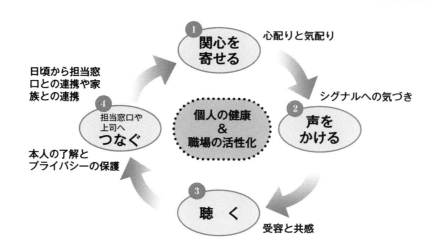

リーダーは、メンタルヘルス不調者が顕在化したらそのときになんとかすればいいといった受動的な姿勢で、いきなり対処しようとしてもうまくいきません。日頃から、さまざまな機会をとらえて、部下との交流を図り、相談しやすい関係をつくる。意見を述べやすい雰囲気をつくる。仕事を通じて信頼関係を築くといったコミュニケーションの下地が肝心です。

その上で、部下（同僚）の心身の状態を見守り、早い段階で変化に気づくような心配りや気配りが大切です。

次の項目の自己チェックをしてみましょう。

□毎朝、部下に声をかけるようこころがけていますか
□部下からの提案は何でもまず聞くようにこころがけていますか
□部下の日常の行動（仕事以外の面も含む）の変化に敏感な方だと思いますか
□部下とのコミュニケーションを良くするために工夫や努力をしていますか
□部下の立場に立って自分の発言をチェックしていますか
□部下からの相談ごとには、極力時間を割いて応じるようにしていますか
□家族のことなど、部下の仕事以外の面にも関心を持つようにしていますか
□部下が自由に仕事ができるように、職場の雰囲気に気を配っていますか
□部下の仕事ぶりや成果について、長所を伝えるようにしていますか
□日頃から部下が力を出せるような環境になるよう、具体的に働きかけていますか

日頃から部下へ関心を寄せ、仕事面や身体面、言動面、対人関係などに以下の変化が見られたら、声をかけます。

シグナル（SOS）のキャッチ

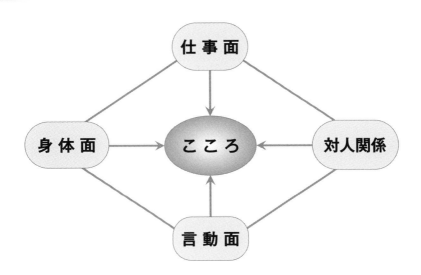

Mental Health

〔仕事面からチェック！〕
・無断欠勤、遅刻、早退、病欠が多くなる
・職務上の義務を怠りがちになり、責任感が乏しくなる
・さしたる理由もなく職場転換や退職を希望する
・ちょっとしたミスや事故が多くなる
・仕事の能率が低下する
・仕事に積極性がない
・仕事中にいねむりすることがある
・仕事中にそわそわして落ち着きがなくなる
・整理整頓や後始末をしなくなる

〔対人関係面からチェック！〕
・口数が少なくなる
・つきあいが悪くなる
・人を避けたり、人の視線を恐れる
・不平、不満が多く、周囲の人と対立することが多くなる
・これまで親しくなかった人に急になれなれしくなる
・自分と関係のないことによく口をはさむようになる
・議論好きになる
・怒りっぽく、すぐに喧嘩腰になったり口論したりする

〔言動面からチェック！〕
・身だしなみや態度がだらしなくなる
・他人の目を極端に気にしている
・始終何かを考え込んだり、セカセカ、イライラしている
・必要以上に自分を責める
・自信がなくなり、取り越し苦労をする
・周囲に対し疑い深くなる
・話のまとまりが悪くなり、言葉が急に途切れたりする
・ぼんやりすることが多い
・ゆううつそうで活気がない
・投げやりになる
・動作が鈍くなる
・周囲に対し無関心になる

〔身体面からチェック！〕
・顔色が悪い
・表情が乏しくなる
・目立って痩せてくる（肥ってくる）
・不眠、頭痛、食欲不振、全身のだるさ、疲労感を訴える
・心臓や胃腸など、身体の調子をいつも気にしている
・胃腸薬、栄養剤、鎮痛剤、睡眠薬など、何かの薬を常用している
・医者をしょっちゅう変えている

声かけのヒント

- 「からだの調子が悪そうだけど、夜は眠れるかな？」
- 「いつくらいから気分がすぐれないの？」
- 「朝食や昼食はきちんと食べている？」
- 「ときどき遅刻するけど、何か仕事や家庭で問題でもあるの？」
- 「君には良い状態で仕事をして欲しいと思っている。職場や家庭で何か気になることがあるなら、ぜひ話してくれないか？」
- 「いまの仕事で悩んでいることでもあるんじゃないか。少しでも問題点があるなら、いまのうちに話してくれないかな？」
- 「業務調整が必要なら、どれくらいの期間、どうすればいいと思う？」
- 「もし、個人的な悩み事があるなら、EAPなど外部組織に相談してみて欲しい。会社は関知できないから、安心して相談してごらん」

クローズドクエッション よりも オープンクエッションで！

　ここまで解説を終えたら、次は「聴く」の段階に入ります。そこで、ワークシート「カウンセリング・マインド①」を配布します。
　①問1から問3－2までを個人で整理したあと、ホワイトボードを使用しながら、ディスカッションします。
　②各グループの発表に移ります。発表は各問ごと、順に発表します。
　③問3－2までの発表、講師ファシリテーターからの補足を終えたら、問4「あなたの傾聴における課題は何ですか？」と問いかけ、最後の欄を埋めるように促します。

Mental Health

✎ ふりかえり&ポイント

①問2「話を聴いてもらうことの効果にはどのようなことがあるでしょう？」の発表のあとに、筆者は以下の補足を簡潔にしています。

傾聴の効果

1. 信頼関係が築かれる
2. 自己理解がすすむ
3. カタルシス効果
4. 自己受容の促進
5. 変容への展開

　私たちは、話をするだけで、こころのもやもやが解消してストレス発散となり、問題のある程度は解決します。話をするという「話す」行為は、「放す」ことに通じ、もやもやが放たれるカタルシス効果があります。

　一人ひとりを大切にするカウンセリング・マインドをもって、肯定的な態度で話を聴いてもらえると、聞き手は話し手の「鏡」になり、話し手のその「鏡の中の自分」を見ることによって、「自分の問題は何なのか」、「自分の悩みは何なのか」、「どうしていけば良いのか」など、気づきが与えられます。そして、自分で考えるようになり、頭の中で整理し始め、自ら問題解決の糸口を見つけることができるようになり、人間的成長（変容）をみることができます。

　「聴いてもらえた」、「否定されなかった」、「わかってもらえた」、「この人は信頼できそうだ」、「本音で話して大丈夫」と相手が感じると、聞き手と話し手の信頼関係、人間関係ができ、相談を行う上で、一番大切なラポール（信頼関係）の形成につながっていきます。

②問3－1「どのような『きき方』をされると、話が終わったあと、わかってもらえた、理解してもらえた、自分の問題が何かわかってきたような気がするでしょうか？」の発表を終えたあと、筆者は以下のような補足をしています。

理解的態度で話を聴くポイントには以下のような点があります。
- □態度・姿勢〔ゆったりとリラックスし、腕組みしたりからだや脚をゆすったりしない〕
- □表情〔やさしく自然にし、悲しい話、苦しい話には笑顔を慎みます〕
- □アイ・コンタクト〔視線を向け、相手に関心を持っているということをさりげなく伝えます〕
- □うなずきやあいづち〔受容的な雰囲気でしっかりと聴いているという合図を送ります〕
- □話のポイントを繰り返す〔話を整理し、ポイントを繰り返します。自分の言葉に置き換える〕
  「つまり〜」「すなわち〜」「言いたいことは」「わかりやすく言うと〜」
- □話し手が涙する場面は感情が湧き上がっているときなので、じっくり待ちます
- □「沈黙」は話し手が考えているときなので待つ（ただし、聞き手の対応に対する怒りなどの沈黙もあります）
- □信頼関係を築く努力〔早い段階で、この人だったら話せるという信頼関係（ラポール）を築きます。ラポールができていないと相談はなかなか進みません〕
- □気持ちや感情が出た部分は聴き逃さずにかかわります
  - ・うなずきやあいづちを強くする
    （注）そもそもあいづちという言葉は、刀などを鍛えるときに打ち合わせる槌からきています。親方と弟子が交互に槌を打ちますが、ふたりの息が合っていなければ良い刀をつくることはかないません。
  - ・修飾語、感情用語、感情がこもっている言葉などは、その言葉をそのまま繰り返し、相手の気持ちに深く寄り添います。そのまま返すことにより、「自分の気持ちをわかってもらえた」と安心感が得られ、自分の気持ちを語るようになります。こうなると相互のリレーションができ、本音で語り合うことができます。
- □聞き手の価値観で評価をしない
  例えば、「たいへんですね」、「よかったですね」、「そんなことはないでしょう」、「それは違いますよ」などの言葉は聞き手の価値観であり、このような聞き手側の価値観からの評価は慎みます。
- □自己一致、誠実な態度〔聞き手自身が自己受容し、自分を隠したり、構えたり、必要以上に良く見せたり背伸びするようではなく、自分をありのままに、自然体で表現し伝えます。聞き手が身構えなければ、話し手も身構えることなく、安心して自己を表現することができます〕
- □事柄〔過去の話や事柄は正確に聞くが、感情や気持ちが動いていない部分は世間話なので、軽いあいづちや軽いうなずきにとどめます〕
- □聞き手から話し手への質問の仕方について
  - ・話し手が考えて答えるような開かれた質問（「はい」「いいえ」で答えられない質問）

Mental Health

を意識します。
- 聞き手の価値観や興味から質問するのではなく、話の内容が深まっていくような、自己洞察していくような質問をします。
- 「なぜ」という質問は、相手を攻める印象を与えたり、理屈や議論になる恐れがあるため用いないようにこころがけます。

（注）杓子定規に「Why」を投げかけない、と主張するわけではありません。リーダーであれば、部下のメンタルが悪化（低下）していれば、その原因（職場のストレス要因）を把握し軽減しなければならないと考えるのもわからなくはありません。そのようなときは、相手を受容しつつ、「どういうことからそう思うのかな？」「そう思うきっかけってなにかな？」などと尋ねます。

筆者は何年も企業内コーチ養成講座の講師を担当してきていますが、よく感じるのは（参加者の方と共感するのは）、Whyを用いようとすると、その瞬間、指示的な関係が成立しているように感じられます。同じ質問でも、「どういうことからそう思うのかな？」「そう思うきっかけってなにかな？」と表現を少し変えるだけで"指示的"ではなく"支持的"なかかわり方のままでい続けられます。

> 「人を理解するためには、口を閉じ、耳と眼を大きく開けていることしかない。そうして人格と人格がふれあうことによってのみ、その人を全人格的に感じとることができる」
>
> アブラハム・マズロー

③問3-2「どのような『きき方』をされると、わかってもらえていない、コミュニケーションがとれていない、相談に来るのではなかった、と感じるでしょうか？」の発表を終えたあと、筆者は以下のような事例を紹介しながら、補足をしています。

「そんなことよりさぁ…」と話の腰を折る
「そんなこと言ってるから、君はダメなんだよ」と説教や批判、評価をする
「それは、こうしてみたらどう？」と、早々にアドバイスをする
「給料をもらっているんだから、そんなことは当然だよ」と、上からものを言う
「ああ、それなら知ってるよ。…ということだろう」と、知識をひけらかす
「君の考えは変だよ。間違ってるよ」と、相手の気持ちを否定する
「いったい何が言いたいわけ？ 結論から言ってよ」と、結論を迫る
「そんなこと、誰でも経験することだよ」と、相手をしらけさせる
「わたしの場合はねー」と、自分の話に持っていく

話を聴けない人	話を聴ける人
上司：どうしたんだ、元気がないねぇ 部下：いえ別に… 上司：何かあったのか？ 部下：別に何もありません 上司：何もなかったら元気だせよ 部下：すみません 上司：仕事終わってから一杯やるか 部下：すみません、疲れていますから 上司：何で疲れてるの？ 部下：いろいろありまして 上司：いろいろって何があったんだ？ 部下：いいんです別に 上司：別にって？ 疲れているのは君だけじゃないんだからね 部下：すみません 上司：何か言いなよ、相談にのるから 部下：特別ありません、失礼します 上司：元気出せよ。…（何考えてんだあいつ、甘ったれてるんじゃないよ、まったく…こっちだって疲れているんだから）	上司：どうしたんだ、元気がないねぇ 部下：いえ別に… 上司：何かあったのか？ 部下：別に何もありません 上司：あんまり言いたくないようだね 部下：ええ…まあ… 上司：なんとなく最近の君の様子が気になってね 部下：ありがとうございます 上司：もしわたしで良ければ話を聞かせてくれたら、ありがたいんだけど… 部下：…ええ… 上司：話しづらそうだね、ここだけの話にするけど 部下：係長には言いづらいんですが…わたし、仕事辞めたいんです 上司：仕事辞めたいのか 部下：面白くないんです 上司：面白くない？ 部下：やりがいが感じられないんです… 上司：そうか…やりがいが感じられない…どんな感じなのかな？

Mental Health

　この段階で、以下のようなクイズを提示することもあります。
　「次の事例で、あなたはどの回答をしがちですか？　正解を考えるのではなく、自分だったらこれをしそうだという回答を選んでください」
〈事例1〉部下が「今の仕事は自分に合わないので、会社を辞めたい」と言ってきました。そこであなたは…
　　A：「何を言ってるんだ。今のこのような雇用情勢では辞めても再就職は難しいと思うがな」
　　B：「何か嫌なことでもあったのか？　それとも他にいいところでも見つかったのかな」
　　C：「突然辞めたいだなんて、どうしたんだ？　理由を聞かせてくれ」
　　D：「まぁそう思いつめないで…。誰でも一度や二度は会社を辞めたくなることがあるものだよ」
　　E：「そうか…会社を辞めたくなったのか…どういうことなのかな…その気持ちをもうちょっと聞かせてくれないかな」

〈事例2〉客先で大きなミスをして、事業部長から厳しく叱責を受けた部下があなたにむかって「ぼくはもうダメでしょうか…」と思いつめた様子で相談に来ました。そこであなたは…
　　A：「そんなふうに思いつめないで、元気出そうよ」
　　B：「そんなことくらい心配しなくてもいいんだよ」
　　C：「どうしてそんなふうに思うんだ」
　　D：「事業部長に怒られたんだから、そんな気持ちにもなるよなぁ」
　　E：「もうダメなのかもしれない…そんな気持ちでいるんだね」

　Aは、「評価的態度」で、聞き手の価値基準に照らして判断、評価後に説得や忠告、または非難します。「聴く」時間のほとんどは、部下が運転席に座っていることになります。部下に車の運転を教えるとき、教師が運転していては意味がありません。たまにハンドルをとってやり方を教える必要はあるでしょうが、上司がずっとハンドルを握っていては、部下の運転は上達するはずがありません。
　Bは、「解釈的態度」で、話し手の価値判断で解釈しているため、部下はこれ以上話しても無駄だと思いがちです。
　Cは、「診断的態度」で、原因を探求するための質問をし、その後、説得や助言、忠告をしたりします。「経営とは問題解決の繰り返し」という例えの通り、ビジネスでは即座に原因究明に入りがちですが、事例のような対人関係におけるケースの場合、いきなり「なぜそう思うんだ」と問われると、責められた気分になったり、尋問にあっているような気分になったりします。
　Dは、「支持的態度」で、同情、温情、慰め、励ましの態度で、安易に「わかる、わかる」「そうだよな」と言われては、話し手は、「この人は本当にわかっているのだろうか」という

不信感や「そんなに簡単にわかってたまるか」という反発感を覚えるものです。
　Eは、「理解的態度」で、受容、共感態度で、話し手の内側からわかろうとする、相手の気持ちを確かに受けとめたという態度です。

　問題（悩み）を抱えている人は助けを求め、理解して欲しいと考えます。聴き手は自分がその悩みを解決しなければ…と気負いがちです。
　相手が問題（悩み）を抱えているとき、私たちは自分の考えや経験をもとにして、アドバイスや忠告、提案というかたちで、相手に手を差し伸べたり、事実を確認するために質問をしたりします。相手の悩みをこちらが解決するために一所懸命に情報を聞き出そうとしますが、相手の悩みをこころのレベルで聴けず、逆に相手を閉鎖的、防衛的にし、不快感を起こさせることとなります。
　私たちは、現実・事実（出来事）で悩むのではなく、その事実をどのように受けとめたか（感じたか）で悩みを持ちます。しかし、私たちは気持ちに焦点を当てず、事実の究明や相手を変えることに力を注ぎ込みます。
　カール・ロジャースは「正そうとする前に、わかろうとせよ」と言っています。

メンタル不調者への対応

- × 叱責や非難は避ける　「そんなことでどうする！」
- × 無理に励まさない　「期待している、がんばれ！」
- × 気分の問題にしない　「気分転換してみたら」
- × 努力の問題にしない　「しっかりしないと」
- × 行動を促すことをしない　「旅行をしてみたら」
- ○ 通院や服薬を支援する
- ○ できる範囲で支援する気持ちがあることを伝える

④問4「あなたの傾聴における課題は何ですか？」を書き終えたら、グループで各自の課題について語り合います。その際、職場に限定するのではなく、家庭での問題や課題についても整理できているか問いかけます。

Mental Health

ワークシート

> カウンセリング・マインド①

1．どのような上司だったら、あなたはすすんで相談に行きますか？

2．話を聴いてもらうことの効果にはどのようなことがあるでしょう？

3-1．どのような「きき方」をされると、話が終わったあと、わかってもらえた、理解してもらえた、自分の問題が何かわかってきたような気がするでしょうか？	3-2．どのような「きき方」をされると、わかってもらえていない、コミュニケーションがとれていない、相談に来るのではなかった、と感じるでしょうか？

4．あなたの傾聴における課題は何ですか？

> コミュニケーションは自然に生まれてくるものではなく、意識的に双方が形成していくもの

聴くための条件づくり

①共感的に聴くこと
②声かけを惜しまない（日頃からの関係づくり）
③話しやすい雰囲気づくり
④話は最後まで聴く（結論を急がない）
⑤自分の経験談を進んで話さない
⑥忠告、批判、激励、説教は避ける
⑦質問を上手にする
⑧親身になり会話を促進する
⑨話の内容は他言しない（守秘義務）
⑩問題をひとりで抱え込まず、いつでも相談にのることを伝える
⑪話の内容や表情から「普通ではない」と感じたら、専門家へつなぐ

Mental Health

> 『子どもの話に耳を傾けよう』
>
> きょう、少し
> あなたの子どもの言おうとしていることに耳を傾けよう。
>
> きょう、聞いてあげよう、あなたがどんなに忙しくても。
> さもないといつか子どもはあなたの話を聞かなくなる。
>
> 子どもの悩みや、要求を聞いてあげよう。
> どんな些細な勝利の話も、どんなにささやかな行いもほめて
> おしゃべりを我慢して聞き、いっしょに大笑いしてあげよう。
> 子どもに何があったのか、何を求めているのか見つけてあげよう。
> そして言ってあげよう、愛していると。毎晩毎晩。
> 叱ったあとは必ず抱きしめてやり、
> 「大丈夫だ」と言ってやろう。
>
> 子どもの悪い点ばかりあげつらっていると、
> そうなってほしくないような人間になってしまう。
> だが、同じ家族の一員なのが誇らしいと言ってやれば、
> 子どもは、自分を成功者だと思って育つ。
>
> きょう、少し
> 子どもが言おうとしていることに耳を傾けよう。
> きょう、聞いてあげよう、どんなに忙しくても。
> そうすれば、子どももあなたの話を聞きに戻ってくるだろう。
>
> （出典：『子どもの話に耳を傾けよう』デニス・ウェイトリー）

　働く意欲を保つには、コミュニケーションを活性化させることが欠かせません。なぜなら、私たちのモチベーションは人とのコミュニケーションを通じて生まれるものだからです。コミュニケーションは、私たちのからだに例えるなら血液のようなものです。

　人間関係は、よい方向に働けばストレスを緩和する望ましい役割を果たしますが、悪い方向に働くとストレス源になります。私たち一人ひとりのコミュニケーションの質がストレスをはじめ、生き方の質を左右すると断言しても良いほどです。

　コミュニケーションの欠如は士気やパフォーマンスを低下させるだけでなく、最終的には利益にも影響を及ぼしかねません。ミシガン大学の調査によると、情報の共有度が高い企業の方が投資収益率も、売上高、利益率も高かったという結果が出ています。

　会議やミーティングでは、「何を話そうか」「どう説得しようか」と、ついつい話すことばかりに注意が向き、相手の話を「どのように聴こうか」ということを忘れてしまいがちです。しかし、コミュニケーションは、話すことと聴くことですから、片方にウェイトが置かれてばかりでは決して好ましい関係は築けません。話すこと、説得すること以上に、聴くこと、理解しようとすることに注意を向けてみませんか。

ワーク❷ カウンセリング・マインド②

ワークのねらい

①「聴く」ことを体験的に理解し、ふだんの自分のコミュニケーションに気づきます。
②積極的傾聴の効果を体感し、現場でより積極的に実践したいとする動機づけをします。

進め方

3名1組（話し手、聴き手、観察者）を構成し、役割を交替しながら進めます。

積極的傾聴法の基本的な技法

①視線・姿勢・表情：ゆったりとした身振りとあたたかいまなざし
②うなずき・あいづち：発言を受けとめ、了解したことを示す
③繰り返し：聴いていることを伝え、理解が正しいかを確認する
④言い換え：別の言葉に置き換え、理解が正しいかを確認する
⑤要　約：長くてまとまりを欠く話をまとめて伝える
⑥質　問：理解を深めたり気づきを援助する際に尋ねる
⑦間（ま）：間や沈黙の意味を理解し、ペースを崩さない

①ラウンド1「石になる」
〈テーマ〉「最近、仕事でうまくいったこと」
話の内容を相手が理解できるように熱心に語ってください。まず、話し手であるあなたから会話を始めてください。
〈聴き手〉話し手の話を無視、軽視してください。笑顔を見せず、うなずき、あいづちなどはしません。

Mental Health

（注）この条件は話し手にわからないように伝えることがポイントです。聴き手役にメモを配布したり、話し手にうつむいてもらってスライドで写すなどの方法がありますが、いずれの場合も、聴き手が「えぇー」などと声や態度に出さないように注意が必要です。

② ラウンド２「ながら聞き」
　〈テーマ〉「あなたの趣味や関心ごと」いかに楽しいか、充実した時間を過ごしているかを相手にわかりやすく、興味を惹くように語ってください。
　〈聴き手〉そっとペンとメモを準備してください。相手の話を聞きながら、準備したメモに、知っているタレントの名前をフルネームでできるだけ数多く書いてください。

③ ラウンド３「正確に聴く」
　〈テーマ〉「わたしの趣味」「最近の楽しかった出来事」「わたしの家族」「この研修について」その他「話し手」と「聴き手」の興味や関心のあるテーマ
　〈聴き手〉話し手の語ったことを遂語的（オウム返し）に復唱確認します。

④ ラウンド４「問題の核心に迫り、解決の糸口をつかむ」
　〈テーマ〉「現在、わたし（話し手）が直面している問題」
　〈聴き手〉聞き手は話し手の言わんとすることを理解し、そのポイントを言い換え、要約などをしながら理解を深めます。聴き手は「聴く」ことによって、話し手の問題の核心にどのくらい迫ることができるか、真の問題は何かに迫ります。さらに、聴き手が真剣に聴くことによって、話し手がどのように変化していくかを観察者とともに寄り添います。

⑤ ラウンド５「問題解決のための共感的理解と動機づけ」
　〈テーマ〉ラウンド４と同じ
　〈聴き手〉聴き手は話し手の話の内容を理解し、話し手の気持ちをこころで聴き、「共感的理解」をはかり、問題解決への強い動機づけをします。
　　共感的理解とは「相手の言動や表情などから、相手の気持ちや思考を推測し、相手と同じ感情（気持ち）を自分のこころの中で経験すること」で、積極的傾聴のこころ構え、スキルを総動員して話し手に寄り添います。

⑥ ラウンド６「問題解決のための共感的理解と動機づけ」
　〈テーマ〉ラウンド４、５と同じ
　〈聴き手〉ラウンド５と同じ

✏️ ふりかえり&ポイント

①ラウンドごとに3名でふりかえり、その後、全体でシェアをします。

ラウンド1は「石になる」ですから、簡単に感想を述べ合う程度でふりかえりを終えます。

②ラウンド2が終了したら、聴き手は話し手に条件を打ち明け、①同様、簡単に感想を述べ合います。

筆者はここで、次のようなコメントをしています。

案外、私たちは日頃からこのケースと似たようなことをしていませんか。パソコンの画面を見ながら、パンフレットを見ながら、手元の資料を見ながら…など。「ながら聞き」では、話し手は「聴いてもらった」という実感からかけ離れ、軽視されているとさえ感じるケースもあります。

特に出社時の「おはようございます」や退社時の「お先に失礼します」という場面、みなさんは貴重な部下の健康管理のできる絶好の機会を「ながら聞き」で見逃していないでしょうか。部下の表情や態度、声質などを確認し、部下の健康状態に注意を向けているでしょうか。

③ラウンド3「正確に聴く」からは、次の要領でふりかえり、全体でシェアをします。

ふりかえりの順番は、まず聴き手から、自分の良かった点、改善すべき点を述べます。次に話し手が、話し手としての改善点を伝えたあと、聴き手の良かった点などの感想を伝えます。最後に観察者から見ていた感想を伝えます。伝えながら、ワークシート「カウンセリング・マインド②」の上段「気づいたこと、学んだこと」に記入します。

④3名でふりかえりを終えたら、全体で気づいたことや学んだことを分かち合います。

カウンセリングは、自分の考えや意見で相手の話を解釈したり、自分の考えや意見を相手にぶつけたりという、世間一般で行われているコミュニケーションを捨て去ることからはじめなければなりません。しかし、現実は私たちには理解しようというよりも、解釈が先立ってしまいます。解釈から脱却するためにも、相手が話したことをそのまま返すというオウム返しのトレーニングは非常に意味があります。

また、オウム返しには、話し手の背中を軽く押すような効果があります。話し手が「こんなことを話してもいいのか」と躊躇しているときや、「話を続けてもいいのかな」と戸惑っているときなどに、話し手の言葉を復唱することは「どうぞ、続けてください」というメッセージとして伝わります。

リーダーにカウンセラーになれとは言いませんが、カウンセリング・マインドを身につけるための一助として、繰り返し（オウム返し）をまずは習得してもらいたいと考えています。

繰り返しになりますが、カール・ロジャースは「正そうとする前に、わかろうとせよ」と言っていますが、誤解なく正確に相手を理解しようとする方法がオウム返しなのです。

「聴き方」のレベル

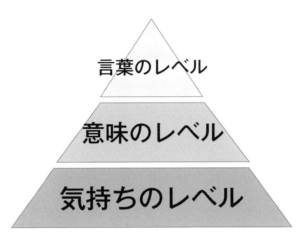

　「聴き方」のレベルには、3段階あります。「言葉のレベル」は初歩的で、話し手の発言した言葉をその"言葉通りに"きくということであり、「きいた」ということで終わります。
　「意味のレベル」は、話し手の"言わんとすること"を聞き手の言葉で理解をする。「自分なりに理解できた」ということになります。
　「気持ちのレベル」は、話し手の気持ち（喜怒哀楽）を感じ取るきき方で、「共感できた」という状態をもたらします。

　⑤ラウンド4「問題の核心に迫り、解決の糸口をつかむ」から最後のラウンド6までは、3名で上記のふりかえりとメモの記入、全体のシェアを繰り返します。さらに、筆者は「話す前の気持ちのレベル（苦しさ、つらさ、やりきれなさ、悲しさなどなど）を10とすると、いま話し終えて、どれくらいになっていますか？」と話し手に問いかけます。
　ゼロと回答する方も珍しくなく、「聴いてもらったらすっきりしました」とか、「絡まった糸がほどけたようで、やるべきことが見えてきました」などの感想がきかれます。と同時に、場の雰囲気が少し違って感じられ、空気が少しさわやかというか、あたたかというか、そんな空間に変化していくことを実感します。

部下：「今度のプランなのですが、わたしとしては先延ばしした方がいいと思うのですが」
上司：「今回は見送りたいということ？」（言い換えによりいったん受けとめる）
部下：「ええ。と、言いますのも…」（先延ばしにする理由を冷静に述べることができる）

　いったん受けとめてやることで、部下は「とりあえず拒否されなかった」と安心しながら話を進められるだけでなく、「先延ばし」という提案の詳しい内容まで説明することがで

きます。反論があるのなら、相手の言い分をすべて聴いてからでも決して遅くはありません。
　繰り返しが相手の「言っていること」であるのに対し、言い換えは「言おうとしていること」であり、より「聴く」レベルの高い行為といえます。

〈言い換えの例〉
　A：「きのう映画を見に行ってね、すっごい楽しかったの」
　B：「そう、おもしろかったんだね」

　A：「いやー、いま忙しくてたいへんだよ」
　B：「そりゃキツイね」

　A：「じつは今度のプロジェクトのことで悩んでて…」
　B：「そうか、困っているんだね」

　A：「部屋でひとりで過ごす日曜日って、淋しいんだよね」
　B：「孤独な気持ちになるよなあ」
相手の気持ちを理解した上で、アドバイスしたり、提案したりすることにより、感情的な「きしみ」や「軋轢」を避けることができます。

確認の方法

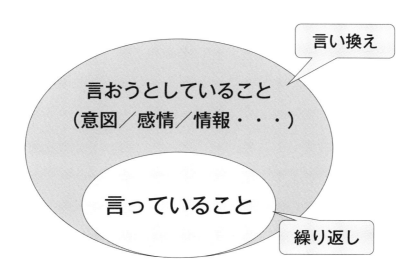

Mental Health

ワークシート

カウンセリング・マインド②

1．実習で気づいたこと、学んだこと

2．今後の課題と行動プラン

⑥ラウンド５「問題解決のための共感的理解と動機づけ」の全体シェアを終えたあと、筆者は以下のコメントをします。

よりよい聴き手になるために

(1) まず話すのをやめる

　これは、他人にも自分にもいえることです。他者に対しても（他者対話）、自分に対しても（自己対話）、話をしている限り、相手の話は耳に入りません。この場合、口に出しているだけとは限りません。こころの中で、相手を値踏みしたり、反論したり、あるいは自分自身の言い訳のために、「ああでもない、こうでもない」と反芻したりすることも含まれます。

(2) 話しやすい環境を整える

　効果的な会話にはある程度、時間を要するものです。ただそれは、長い目で見ると時間の節約となります。〔相互理解の促進〕

　忙しいときに部下から相談に来られたのであれば、「16時からでどうかな？」などと約束を取り、メンタルヘルス不調が疑われる場合は、静かな部屋で話しやすい環境を用意します。

(3) 間をプレゼントする

　よく、部下が黙ると、こらえきれずに次々としゃべってしまうリーダーがいます。黙っているのは、何も考えていないのではなく、頭の中でいろいろなことが駆け回っているのです。「この人に話しても大丈夫だろうか？」と相手が様子をうかがっているときや、質問を投げかけられた際に、内省しているようなときに起こります。ですから、沈黙に対して焦ったりせず、沈黙を活かしましょう。

　人は言葉の４倍のスピードで頭の中をイメージや思いが錯綜しているといわれています。相手の沈黙をじっと待てること。「焦らずに、じっくり考えて。待っているから」と、待っていることを相手に伝えてもいいのです。

(4) 最後まで聴くとコミットする

　「この目の前の部下の話を最後まで聴こう」と自分自身と約束を取ります。と同時に、「聴く」ことの効果を信じましょう。一所懸命聴こうとすることが大切です。頭もこころも一心にフル稼働させます。

Mental Health

(5) 鏡になる

先入観や固定観念があると、相手の話を理解するのではなく、解釈してしまいます。判断や評価をしているということは、共感的に聞けていない証拠です。聴き手サイドのことはすべて脇に置き、一心不乱に耳を傾けます。

(6) 早急な結論を出そうとしない

悩みのある部下からの相談には、リーダーとしては何とかその問題を解決してあげたいという想いが強くなります。その気持ちが強ければ強いほど、自分でその問題を解決したいという誘惑に駆られます。部下に自分の考えを押しつけるなど、相手を指導しようという気持ちを抑え、まずは、よい聴き手になることです。アドバイスや忠告、解決策を提案するのは、もっと後の段階のことです。

(7) 背負い過ぎない

自分のところで何とかしてやりたいと思い過ぎると、専門家（専門部署）への橋渡しを遅らせてしまう可能性があります。リーダーとして、専門家（専門部署）への適切な橋渡し（架け橋）をこころがけることが求められます。

(8) 無知の自覚

部下のこころの軌跡はそう簡単に理解できるものではありません。だからこそ、無知の自覚をもって、「教えてもらう姿勢」でじっくり聴こうとするこころ構えが必要です。早わかりしても、それはリーダーの思い込みに過ぎず、部下との間に溝ができることも多いので、注意が必要です。

(9) 全体に目配りをする

部下を理解するためには、相手の言葉だけでなく、非言語的な表現にもこころ配りすることが必要です。声の調子、表情、呼吸、姿勢、手や目の動きなどは、いずれも相手の気持ちを知る手がかりになります。

(10) 正しく理解しているかどうか確認する

他人を理解することは非常に難しいものです。部下の言葉を繰り返したり、自分が感じたとおりの言葉で言い返すなどして、こちらの理解が十分であるかどうかを確認します。それは部下にとって、リーダーが自分の話をよく理解してくれているという安心感につながります。

（11）自分自身に気づく

　傾聴するためには、自分の状態に気づく必要があります。時間に追われていたり、リーダー自身が悩みや問題に押しつぶされそうになっていたりしては、傾聴することは難しいかもしれません。そのようなときは、無理をして関係を悪化させるよりも、専門家（専門部署）に相談するのも一案です。もちろん、その際は、自分自身の悩みの相談を欠かしてはなりません。

　傾聴というのは、部下（相手）の不満や個人的な問題などを単に聞いてあげることではありません。

　部下が持っている本質的な価値をこころから認め、相手を独自の存在として尊重するというこころ構えの裏づけがあってこそ、良い聴き手になることができるのです。もし、傾聴のこころ構えがなくて傾聴の技法を用いるなら、それは形だけの技巧に終わってしまいます。

『積極的に相手の話を聴く』

　『夜と霧』の作者であるビクトール・フランクルは、真夜中自宅で寝ていたときに、知らない女性から電話を受けました。彼女はこれから自殺をするつもりだが、死ぬ前に尊敬しているフランクルの声を聞きたかったと言うのです。事態の深刻さを察知したフランクルは、この女性と数十分間話し、明朝一番に、自分の勤める病院に来るように説得しました。約束通りにやって来た女性をフランクルは診察し、入院治療を行い、自殺から救ったのです。

　数ヵ月後、彼女の退院の際に、フランクルが「あの夜、わたしのどんな言葉が自殺を思いとどまるように決心させたのですか？」と訊くと、彼女は「特に自分の気持ちを変えるような言葉はなかったが、見ず知らずのものが、夜中にこれから自殺するなどと無謀な電話で起こされたにもかかわらず、先生は電話を切らず、親身になってじっと自分の話を聴いてくれた。この体験が、もう一度生きてみようという原動力になった」と答えたそうです。

　もし、フランクルがあの夜、彼女の話を「ただ聞くだけ」でアドバイスをしていたら、彼女を自殺から救えなかったかもしれません。傾聴は相手の存在価値を認める最大の働きかけなのです。

相談場面の環境構え

　傾聴はこころ構えが重要であるというカール・ロジャースのメッセージは、研修をしているととても納得を得ます。「この5分間、目の前の○○さんの話に集中しよう」と意識するだけで、テクニック以上の成果が得られるように思います。しかし、こころ構えと同じく、環境構えも軽視することはできません。こころ構えとともに環境を整えることで、より質の高い空間を演出することが可能となります。

（1）開始時間と話し合いの時間を設定しておく

　メンタルヘルスに関する面接は、緊急の場合は別として、原則的には時間の余裕のある

Mental Health

ときに限定すべきです。また周囲の目も配慮して、勤務時間終了後か昼休みなど、就業外の時間も有効です。ただし、残業ゼロなどの企業方針があれば、それに従うことは申すまでもありません。

相談の時間は、長くても1時間以内におさめ、その範囲内で開始前に、ある程度の時間を合意しておきます。1時間以上続けても集中力に欠けてしまい、聴くことに集中できなくなるからです。時間を決めておかないとつい長話になりがちです。次の予定のある部下の場合、そのことが気になって、相談に身が入らない恐れも考えられます。

例えば、30分後に、重要な会議があるような場合、その時間が迫ってきているのに、部下が長々としゃべり続けると、いらいらしがちになります。そのようなときには、「30分後に会議があるので、今から25分でいいかな」と念を押し、相手がそれを承知したら、相談に応じます。そして、約束の時間内に話が片づかなければ、「時間だから、この次に聴くことにしよう」と打ち切り、次の時間を決めます（次の相談時間は、焦ってこのタイミングで決める必要はありません）。事前に時間を設定しておかずに途中で席を立てば、正当な理由があったとしても、部下は不信の念を持つ場合があります。

事前にお互いの都合を素直に開示すれば、「では会議の終わった後でお願いします」とか「会議を控えているので、ゆっくり聴けないから、5時以降ではどうか」などいろいろ案が出て、双方にとって、よりよい合意に達することができます。

（2）安心して話せる場所を選ぶ

話し合う場所は、職場から少し離れた応接室や休憩室、短い時間であれば、建物の片隅でも構いません。勤務時間外であれば、喫茶店や公園のベンチ、芝生に腰をおろしての話し合いでも可能です。

大切なポイントは、他人に話を聞かれる心配のない、人の目を気にしないですむような、部下が安心して何でも話せる場所、静かでお互いにリラックスできるような場所を選ぶことです。広過ぎたり、狭過ぎてはリラックスできず、話題に集中しづらいものですが、オフィスであれば、限界がつきものです。可能な範囲で考慮するという姿勢を保ち、完璧を自らに強いないことです。

（3）対話するふたりの位置関係

両者が、90〜120度になるような位置に座ると、お互いに話しやすく、聞きやすいものです。対面は、対立関係を表し、議論・交渉・尋問などに向いており、横並びは友だち関係で、親密さを示すもので、90〜120度の位置はその中間の位置です。慣れないリーダーや、相談に来る部下の性格によっては、好ましい位置といわれています。

話し合いで沈黙が続くようなとき、目のやり場に困るという声を聞きますが、この位置関係であれば、直接視線が合わず、しかも相手の表情やしぐさなどが視覚に入り、相手の動

きにすばやく対応できます。もちろん、状況や相手次第で、対面型でも横並びであっても、一向に差し支えありません。

> 傾聴は聴き方（テクニック）というよりは「こころ構え」の問題である　　（カール・ロジャース）

Mental Health

ラインケアの主体となるリーダーの心得

　ラインケアの主体となるリーダーにとって"ゆとり"は重要な課題です。余裕のないリーダーに部下のケアはできません。リーダーにとっての"ゆとり"は、ラインケアを推進するための必要条件といえます。

　しかし、実際は多くのリーダーにそんな余裕はありません。ラインケアはこころの健康管理において非常に重要な柱と位置づけられていますが、多くのリーダーの本音は「部下のケアをすることによってさらに業務が増えてたいへんなだけ」というものです。つまり、ラインケアが職場におけるメンタルヘルスケアとして重要な柱と位置づけられたことが、リーダーにさらなる負荷を強いるという事態を生んでいます。

　このことへのライトアンサーは見当たりませんが、3つのポイントを紹介します。

(1) セルフケアの実践力

　リーダー自身がセルフケアをできなければ、適切なラインケアはできません。ストレスに無関心であったり、メンタル不調というのは弱い者のことだといった間違った認識を抱いていては、部下のメンタルへ関心が向きません。日頃から、セルフケアを身につけ、習慣化し、その習慣が部下への関心へとつながります。

　そのために講師ファシリテーターが強調すべきことは、ラインに負担を強いる研修から取り組むのではなく、まずは、セルフケアを徹底的に習慣化する施策を併せて提案することです。「ラインケアどころではない」といった抵抗感を植え付けてしまう前に、リーダー自身がセルフケアの効果や重要性を体感できることに努めることです。

　リーダーであれ、一般社員であれ、何よりも求められる人材は、自己管理（＝健康管理）ができる社員です。社内には「仕事ができる社員」と評価されている社員がいますが、そのような人たちの最大公約数は、「自己管理ができている」ということではないでしょうか。そしてそのような社員は、いつもどこか"ゆとり"を持っています。多くの仕事を抱え忙しいはずなのに、いつも少し余力を持って仕事をしています。

　いつも自身の状態をモニタリングし、きちんとセルフケアができている社員には、"ゆとり"が生まれます。そのゆとりや、「研修でわざわざセルフケアの時間を設けてくれた」「会社は個人の健康に真剣のようだ」…といった感謝の念、労りへの想いがラインケアに活かされることになります。

(2) つなぐ力

　部下のメンタルヘルス事例に対して、対応が後手になったり、問題が長引くことの背景に「リーダーが問題を抱え込んでいる」という実情が多く見られます。そして、そのような傾向は、往々にして責任感の強いリーダーにみられがちです。そのように抱え込む傾向のあ

るリーダーにとって必要なことは、"つなぐ力"です。

　人事労務管理スタッフ、産業保健スタッフ、管理職、EAPなどの事業場外資源にはそれぞれの"強み"と"役割"があり、その上で、それぞれの強みを活かした役割分担により関係者のネットワークを機能させていくことで、問題解決がスムーズにいきます。

　リーダーにはリーダーにしか果たせない役割があります。それは、「日常的に部下の仕事ぶりを観察できる」「職務上の変化をとらえられる」という事柄です。これは大きな強みであり、他の立場の人ができることではありません。リーダーがメンタルヘルス対策のキーパーソンといわれるのは、このようにリーダーは「労働者の生産性の低下やパフォーマンスの変化をとらえられる」立場にあるからです。

　そのようにリーダー自身の強みを理解した上で、関係者に任すべきことは任せることが重要です。そうすることで、自らの役割が明確になるだけでなく、起きている問題も整理されます。

　メンタルヘルスの問題と考えると、役割分担が難しく思われるかもしれませんが、実はリーダーが日常的に行っているマネジメント活動と同じです。適切に部下に業務を割り振る、他部門スタッフと連携を図る、といった通常業務において行っている"自らの強みを活かした役割分担"をメンタルヘルス事例に当てはめれば良いだけなのです。

(3) 任せる力

　"ゆとり"を生み出せないリーダーの特徴のひとつとして、「バランス感覚の悪さ」があげられます。例えば、いつも仕事を完璧にこなすことばかり考えていて、うまく手を抜けないリーダーがいます。「ほどほど」や「ま、いっか」という部分を持てない管理職は、当然"ゆとり"をなくしていきます。他の例としては、意図も理由も説明せず仕事を部下に丸投げすることも、バランス感覚が悪いといえるでしょう。

　ふたつの例に共通しているのは、「部下に上手に頼ることができない」ということです。「上手に頼る」ことは、"ゆとり"を生み出していく上で重要なスキルとなります。「モチベーションを高める説明をしながら、うまく部下に仕事を依頼する」「部下に任せて、成果をフィードバックしてやる」「時には部下に愚痴をこぼし、頼れる素地を作っておく」などのスキルが必要になります。これは、多忙なリーダーの負荷を軽減するだけでなく、部下の育成にもつながるのです。

Mental Health

リーダーに多い、タイプA行動

　タイプA行動は、何事にも積極的で攻撃的な行動をとるタイプで、虚血性心疾患（心筋梗塞、狭心症）にかかりやすいリスクファクター（危険因子）とされています。タイプAの「A」は攻撃的〈Aggressive〉の「A」より命名されたといわれています。

　米国の医師メイヤー・フリードマンが心臓病の外来で、待合室の椅子の前の部分が異常に早く擦り切れるのを発見したのがきっかけです。待合室の様子を観察すると、心臓病患者の方はわずかな時間を待つことにもイライラした様子で、すぐに立ち上がれるように浅く腰掛けていることが多く、そのため椅子の前の部分が擦り切れることが多かったのです。

　タイプA行動の特徴には以下の点があります。

①過度の達成意欲
　例）限られた時間内でできるだけ多くのことを成し遂げようとする
　　　一度にふたつ以上のことを並行して行うことが多い
　　　自分や他人の仕事を質より量で評価したがる
　　　仕事をはかどらせるために朝早くから夜遅くまで職場にいる

②時間切迫感、焦燥感：時間にいつも追われている気分
　例）いつも時間に追われている感じで、セカセカした行動が多い
　　　一列になって並んで待つことができない
　　　前の車がのろのろしているとイライラする
　　　貧乏ゆすりのようなイライラした感じの癖がある
　　　相手の話がなかなか要点に入らないと話をせき立てる
　　　食事のスピードが速い
　　　何もしないでリラックスすることに罪悪感を感じる
　　　昼食後も一休みしないで、すぐに仕事にとりかかる

③熱中的、精力的：いわゆる「仕事の虫」
　例）仕事量が多いことが自慢である
　　　仕事に生きがいを持ち、趣味はあまりない

④競争性、敵意性、攻撃性：いつもイライラして先を越そうとする
　例）車で追い越されたらすぐに追い抜き返そうとする
　　　子どもとのゲームでもつい勝ちたくなる
　　　競争心が強く、負けると悔しいと思う

仕事でも遊びでも挑戦的なことが好きである
何かを行っているときに邪魔された場合、怒りがこみ上げてくる

では、あなたの行動パターンをチェックしてみましょう。次の設問であてはまるものにレ印をつけてください。

タイプA行動パターンチェックリスト
[A群]
- □ 1. ぐっすり眠った感じがなく、夢の中でも仕事に追われるようなことがある
- □ 2. ゆっくりとお茶や酒を飲んだりすることはほとんどない
- □ 3. 家でゆっくりできる時間も、ソワソワして落ち着かない
- □ 4. 休日にも、家で何か作業している
- □ 5. 家族や友人との時間を持つことは、ほとんどない
- □ 6. レジャーやレクリエーションに参加することは、時間の無駄である
- □ 7. 旅行の計画を立てても、実行することはほとんどない

[B群]
- □ 8. ゲームをしていても、つい本気になってしまう
- □ 9. 車を運転しているとき、他の車に追い抜かされると、追い抜き返す
- □ 10. 仕事の成績で、人に負けるのは嫌いだ
- □ 11. 勝ち気で、理屈っぽいと言われることが多い
- □ 12. 子どもと遊んでいるときに、我を忘れて競ったり、怒ったりしていることがある
- □ 13. 仕事をさぼったり、やる気がない等と言われることは、自分には無縁のことである
- □ 14. 人前でほめられたり、尊敬されるような立場にいることが好きである

[C群]
- □ 15. 怒りっぽく、職場や家庭などで怒鳴ることが多い
- □ 16. つい、強い口調になっていることが多い
- □ 17. むかついたり、腹が立ったりする嫌な人が多い
- □ 18. 気性が激しい
- □ 19. 辛辣で、厳しいことを人に言うことが多い
- □ 20. 人を評価したり、批判するような、見方や言動が多い
- □ 21. 他の人を威圧したり、恐れられることが多い

Mental Health

[D群]
- □ 22. 待ち合わせの時間に人が遅れてくるのは許しがたい
- □ 23. 歩くのが速いと言われる
- □ 24. 仕事をゆっくりしたり、動作の遅い人を見るとイライラする
- □ 25. ゆっくりと、一品一品味わって食べるより、勢いにまかせて食べることが多い
- □ 26. 人からミスを注意されたり、指図されたとき、ムッとすることが多い
- □ 27. 車を運転中、渋滞や信号で待たされるとイライラする
- □ 28. レストラン等で待ってまで、食べようとは思わない

[E群]
- □ 29. 昼食の時間はできるだけ早く済ませて、仕事場に戻るようにしている
- □ 30. 仕事を家に持ち帰ってやることがある
- □ 31. 朝早く出勤して仕事をすることがある
- □ 32. 仕事の移動中に、車の中で軽食を摂ったり、ファーストフードや立ち食いそばを利用したりして、昼食の時間を短くしていることが多い
- □ 33. 常に仕事に追い立てられる生活である
- □ 34. 人より残業時間が多い
- □ 35. 仕事が速いと人から言われることに、自信や誇りを持っている

[F群]
- □ 36. 人から「もう少しゆっくり話して」と言われることが多い
- □ 37. 声が大きい
- □ 38. ゆっくり、ボソボソと話をしている人を追い立てるようにすることがある
- □ 39. 順序立ててきびきび話すほうである
- □ 40. 人を説得するような話し方になっていることが多い
- □ 41. 口論したり、興奮したような話し方をする
- □ 42. 話題を提供したり、変えたりするのは、いつも自分である

［中部ろうさい病院　心療内科］

集計して下さい。
　①「はい」と答えた項目が全部で24項目以上ありましたか
　②各グループのうち、5問以上の「はい」が、3グループ以上ありましたか

[判定] ①と②にYESの人：どっぷりタイプA行動の方と考えられます。
　　　　①のみYESの人：かなりタイプA行動をとっていると考えられます。
　　　　②のみYESの人：特定の状況下ではタイプA行動をとる可能性があります。

ここでは、タイプAであるかどうかというだけではなく、どのような行動をとりやすいのか、あなた自身の行動パターンに気づいてください。

A群 仕事中毒度	くつろいだり、リラックスすることを後回しにする人です。現代の日本人なら、少なからず認められる傾向であると思います。しかし、休むことに罪悪感を感じ、休みの日でも自宅や会社で仕事をしてしまったり、またプライベートやレジャーのために時間を使うことはもったいないと考えていれば、もう重症のワーカーホリック（仕事中毒者）といえます。仕事のために、休息をおろそかにしていると、「過労死」の危険もあります。十分注意しましょう。
B群 競争心	競争心が強く、いつも誰かをライバル視していないと気がすみません。何ごとも勝負にこだわるため、「ゲームや遊びだから」と気を抜くこともできません。
C群 敵意度	攻撃的、排他的で、他人に敵意を抱きやすい人です。たとえ、相手が好意で言ったことであっても、自分の考え方に合わないと良い感情を持ちません。いつも、相手を威圧するような話し方や態度をとっているのが特徴です。
D群 せっかち度	いわゆる「せっかち」で、自分にも他人にもスピードの速さを要求する人です。労力や手間に対する成績・成果の割合を常に考えています。このタイプの人は、何か他人に邪魔されるような場面にあったとき、非常にイライラするようです。
E群 一所懸命度	短時間に、できるだけ多くの仕事を処理しようとする人です。一度に多くの仕事を抱えていることが多く、それをこなすだけの気力や実行力も伴っていることが多いようです。またどのような状況においても、一所懸命になり過ぎる傾向があり、気を抜くことを知りません。忙しく、慌しい自分のライフスタイルに対し、自信や誇りを持っています。
F群 過激な話し方・ 早口度	早くしゃべる、声が大きい、人の話をさえぎるといった行動が多くみられる人です。ゆっくりと考え、言いにくそうにしている人をせかしたり、他人の話を聞くことを後回しにしたりしやすい傾向があります。また自分の言いたいことだけを端的に言って終わってしまう人も多いようです。

Mental Health

　あなたがタイプA行動の傾向があれば、次の項目を参考に意識的に行動修正をしてください。

－タイプA行動パターンを修正するヒント－
- ☐ 周囲がしてくれたことに対して感謝をあらわす
- ☐ 落ち着いてゆっくり話す。ゆっくり食べる
- ☐ 身体を休める、静める（せっかちに動き回らない）
- ☐ 音楽や自然などを鑑賞する時間を持つ
- ☐ 周囲を見渡して現在の状況を確認する
- ☐ 家族で楽しめることを計画する
- ☐ 毎日、リラックス技法を実施する（第１章を参考に）
- ☐ やるべきことを減らす
- ☐ 仕事場や家を自分に合った静かな楽しい空間にする
- ☐ 怒りを感じたら、ひと呼吸して悪意のあるものかどうかを判断する
- ☐ 行動する前に周囲の意見に耳を傾ける

　タイプA行動の人は、業績を出し、会社や上司から貴重な存在として評価されることが多いものです。しかし、ある日突然、こころの病気になる可能性を秘めています。

　タイプA行動の人は、過剰な仕事の質や量など、普通の人にはストレスになるようなものでもそれほど苦ではなく、むしろそれらに挑戦することが快ストレスになる傾向があります。その意味では職場に適応しやすい利点のある性格傾向といえます。ところが、このタイプの人は自分をいたわって適度な休息を取る、休みの日には仕事のことをケロッと忘れて趣味を楽しむ、といったことが苦手です。ですから、自分でも気がつかないうちに過労ストレスをため込んでしまう可能性が高いのです。

　たとえ趣味を持ったとしても、上達や競争に燃えてしまい、かえってストレスの要素を増やしてしまうのがこのタイプです。やろうとしていることがはたして本当に休みなく動き続ける価値のあるものかを自問する必要があります。行動する前にひと呼吸おくようにこころがけてください。

第3章
組織・全社で取り組むメンタルヘルス対策

　企業環境のスピードによる変化の加速化、成果主義、業績主義への移行、裁量労働制の導入、勤務形態や雇用の多様化、技術革新やITの導入、グローバル化など、組織の環境が安定から急激に不安定へと向かう中で、個人や職場、組織は、それぞれ従来とは異なる種類のストレスを抱えるようになりました。このような状況下にあって、個人に焦点を当てたケアだけでは、根本的な解決策として十分とはいえません。いまメンタルヘルス対策は、職場や組織の問題として捉え直し、あらゆる対策を講じていくことが求められています。
　本章では、メンタルヘルスを職場や組織の問題として捉え直し、全社として取り組むためのヒントを紹介します。

メンタルヘルス対策の意義

　激変するビジネス環境では、ストレス要因が増大し、うつ病や職場不適応など、さまざまなこころの問題に対する対処システムが必要になってきています。
　従業員のこころの問題に対して、メンタルヘルス対策が十分でない場合には、ストレスが原因による長期休職、ミスやトラブルによる能率低下、遅刻や欠勤による業務効率の低下などが顕在化し、組織の生産性の問題に発展しかねません。
　企業にとってみると、ひとりの従業員が業務過重によって精神障害に罹患し自殺をされてしまった場合、貴重な従業員を亡くしてしまうのと同時に、労災認定、遺族による会社を相手取った民事訴訟、それに伴う企業イメージのダウン、職場のモチベーションのダウンと、とてつもなく大きなダメージを受けかねません。もはやメンタルヘルス対策は、見過ごすことのできない問題となってきています。
　製造現場などでは、ミスや事故が起こらないように、まめに油を差し、まめに磨くなど、メンテナンスを欠かしません。また、不具合が起きると、早急に問題解決対策に着手します。ところが、もっとも大切な「人」に関して、どれだけ健康状態を悪化させないように日々、予防のための努力をされているでしょうか。
　うつ病などのこころの病気が年々増えているにもかかわらず、そうならない健康な職場づくりに、どれだけ真剣に取り組んでいるでしょうか。

Mental Health

　大企業では、早くからメンタルヘルス対策に取り組み、早い企業では、早期発見・早期治療から予防に視点を移し始めています。しかし、残念なことに中堅中小企業では、まだまだメンタルヘルスの重要性に気づかず、他人事として捉えている風潮が多いように感じられます。

　また、大企業の中でも、予算がないから…と場当たり的に捉えていることに危機感を覚えます。確かに企業経営そのものがぐらついている環境下でそれどころではない…という意見は、もっともだと思うのですが、人に関する投資を軽視していては問題は先送りされ、小火を大火事にしてしまいます。

　メンタルヘルスの対象を個人のケアに限定するのではなく、病気の未然防止、健康の維持・増進の観点に立ち、個人から組織に比重をかける必要に迫られています。組織におけるメンタル不調者や自殺者の発生は、特定の個人だけでなく組織自体に深刻な問題が内在していることを示すもので、健康な個人なくして健康な職場は成立しないとともに、健康な職場なくして個人の健康は成立しないのです。

　メンタルヘルス対策のための予算となると、「本来は必要のないものに経費をかけなければならない」「売上や収益に貢献するものではない後ろ向きの費用」などと、ネガティブな取り組みとして捉えている企業が多いように感じられます。「仕方ないから」という姿勢で担当者を決め、わずかな経費を捻出してみても、効果が上がるものではありません。経営者自らが企業経営には欠かせない課題であると捉え、メンタルヘルス対策は個人のやる気や組織の生産性にかなうものだと経営計画やビジョンなどに取り込む企業が効果を出しているようです。

　職場におけるメンタルヘルス対策の意義は各社各様でしょうが、「企業のリスクマネジメント」という守りの観点にとどまることなく、生産性の向上や活力の向上など、アクセルを踏むような、積極的な意義を打ち立て、展開することが望ましいといえます。

職場におけるメンタルヘルス対策の意義

1. 労働者の健康の保持増進活動
   ・労働安全衛生法に基づく活動
2. 職場の生産性及び活力の向上
   ・明るくイキイキとした職場づくり
3. 企業のリスクマネジメント
   ・労働力の損失及び訴訟問題等の防止
4. 企業の社会的責任（CSR）のため
   ・ステークホルダーである従業員に対する責任

9つの領域からのアプローチ

「メンタルヘルス」というと、こころの病に冒された人を対象として捉えがちですが、予防や早期対策という観点から、組織開発やリーダーシップなどを含む管理者教育、キャリア開発プログラムなどを通じて、個人が組織に感じるコミットメントやモチベーションの問題も併せて考えながら、ストレスマネジメントのあり方を捉える必要があります。

ストレスマネジメントの「目標」は、一次予防（病気にならないようにすること）−二次予防（病気の早期発見）−三次予防（病気になった人の治療と再適応）の3つの水準があります。

一方、ストレスマネジメントの「対象」も、個人−管理者−組織集団という3つがあります。

従来、ストレスマネジメントの施策としては、もっぱら三次予防が強調されてきました。人材教育や組織開発の観点から行われることはあっても、ストレスマネジメントとの関連性については、無自覚的であったように思われます。

しかし、この変化の時代においては、メンタルヘルス対策と人材開発や組織開発が相互関係性をなしているという問題意識を持って、あらゆる多様なリソースを投入していく必要があります。経営組織の内的環境および外的環境が、安定から不安定状態へと向かう中で、個人、管理者、組織集団は、それぞれに従来とは異なる種類のストレスを抱え、人間関係にきしみが生じるようになりました。

安定した時代であれば、個人に対する集中的なストレスケア、すなわち三次予防的な対策だけで、大抵の問題は解決することができましたが、不安定な時代においては、ストレスの一次予防こそがもっとも重要になります。個人の悩みや不安感に焦点を当てるだけではなく、元気な健康人に対し、ますます元気になれるように9つの領域を捉え、アプローチを行うことが大切なのです。

これまでの企業のメンタルヘルス対策としては、社員の健康を守ろうという"セーフティーネット"の視点が大きかったと思われます。それが、現在は社員の労災予防や安全配慮義務違反を訴追する民事訴訟を防ぐことで、企業を守ろうとする"リスクマネジメント"の視点が大きくなってきている印象を受けます。

しかし、いくら社員の健康を増進し、労災を防ぐ試みを行ったとしても限界はあります。結局は問題を発生させないような、明るくイキイキとした健康な職場づくりが最も重要な課題なのです。

Mental Health

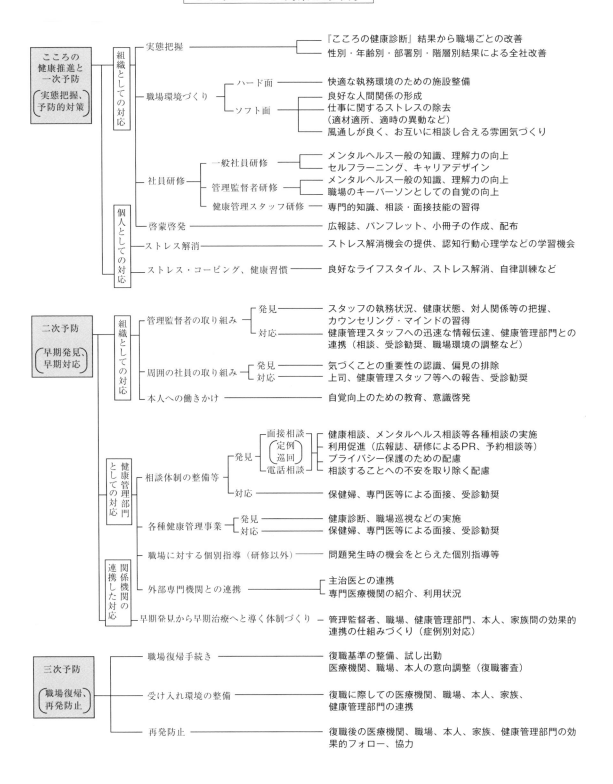

ワーク❶ 9つの領域へのアプローチ

ワークのねらい

①メンタルヘルス対策と人材開発や組織開発が相互関係性をなしているという意識を養う。
②あらゆるリソースを投入していくための多様なアイデアを抽出する。
③メンタルヘルス中長期計画の推進に向けて、優先順位を検討するためのたたき台を作成する。

進め方

このワークの対象者は、社内の健康保健スタッフや衛生管理者などに限定されます。弊所では、EAPコンサルティングの際、全国各地の人事担当者、メンタルヘルス責任者、衛生管理者らを集めて、このワークを実施することがあります。

ワークシートの各領域の施策は、ひとつの領域に限定できるものではありませんが、あえて9つの領域に割り当てて検討します。

6名ほどのグループに分け、下表の番号順に1領域ずつアイデアを抽出します。

目標／対象	個人 〔セルフケア〕	リーダー 〔ラインによるケア〕	組織集団 〔経営層／専門スタッフ〕
一次予防 病気の未然防止 健康の維持・増進	⑦	⑧	⑨
二次予防 病気・病人の 早期発見、早期治療	①	②	③
三次予防 再発防止 円滑な社会再適応	④	⑤	⑥

Mental Health

✎ ふりかえり&ポイント

①9つの領域すべてのアイデア抽出が終わったら、グループごとに発表します。発表後、質疑応答の時間を設け、発表内容の理解を深めます。(修正個所などが生じた場合は、青マジックで加筆しておきます)

②全グループの発表終了後、自グループの再吟味を行い、赤マジックで完成させます。

③完成した各グループの模造紙を回収し、事前に決めておいたプロジェクトメンバーで各グループの内容をまとめます。まとめる際は、重要度や緊急度などの優先順位づけをします。

④まとめた内容をデータ化し、参加者全員に送信します。全員が意見を述べ合えるWEB上の場を設定し、意見交換をします。(可能であれば、WEBでなく、第2回目の研修を開催します)

⑤メンタルヘルスの計画立案に活かします。

ワークシート

9つの領域へのアプローチ

目標／対象	個人〔セルフケア〕	リーダー〔ラインによるケア〕	組織集団〔経営層／専門スタッフ〕
一次予防 病気の未然防止 健康の維持・増進			
二次予防 病気・病人の 早期発見、早期治療			
三次予防 再発防止 円滑な社会再適応			

Mental Health

　弊所は、EAPサービスを提供する側であり、このワークの参加者とは立場が違いますが、参考として、弊所の9つの領域とメンタルヘルス用のテーマに置き換えた研修プログラムを参考にご紹介します。

<参考：ライフデザイン研究所の取り組み事例>

目標／対象	個人 〔セルフケア〕	リーダー 〔ラインによるケア〕	組織集団 〔一部経営層／専門スタッフ〕
一次予防 病気の未然防止 健康の維持・増進	・異動、昇進、転勤者など変化のあった対象者へのカウンセリング ・eラーニングによるコーピング教育 ・キャリア開発研修＆キャリアカウンセリング ・研修セミナーによる自己理解、自己成長（コミュニケーションの質の向上） ・ポジティブ心理学や認知行動療法、アサーティブなどによるストレス耐性の強化（研修＆通信講座） ・通信講座によるセルフラーニング ・個人の資質診断、モチベーション診断	・『こころの健康診断』による職場環境の評価と改善点の提供 ・コーチング、メンタルコーチング、ファシリテーションなどのコミュニケーション系研修 ・リーダーのためのやさしい心理学講座 ・WEBによるメンタルヘルス、ハラスメント情報 ・職場診断による職務の再設計 ・通信講座によるセルフラーニング	・組織開発（OD）（ストロークマインド、ホスピタリティマインドの浸透） ・組織風土診断によるフィードバック ・専門スタッフへのアドバイス、情報提供 ・会議、ミーティングのファシリテーション ・トップ層へのコーチング、カウンセリング（メンタルコーチング） ・社内コーチ、ファシリテーターの養成
二次予防 病気・病人の 早期発見、早期治療	・『こころの健康診断』（ストレスチェック）受診結果からのフォロー ・ストレス及びメンタルヘルスケアに関する基礎教育 ・メールによる相談対応 ・ストレス解消法 ・カウンセリングの有用性の促進 ・WEBによるセルフラーニング、セルフチェックによる気づきの促進 ・専門医、専門家の紹介サポート	・リーダーへのセルフケア研修 ・ラインケアに関する研修 ・メンバーのSOSサインへの気づき ・WEBによる上司のための情報支援 ・メール（や電話）による指導や助言 ・メンタルヘルスケアの啓蒙 ・リスニングスキル研修	・ストレス判定図（こころの健康診断より）などによる職場環境調査のフィードバック（アドバイス） ・プロセスコンサルテーション ・人事制度改定支援、コンピテンシー ・（家族の方のストレスチェック、情報サポート）
三次予防 再発防止 円滑な社会再適応	・産業医とともに危機介入 ・心理カウンセリング ・復職者へのキャリアカウンセリング ・グループカウンセリング ・復職支援	・職場外資源に関する情報提供 ・復職者への支援教育	・職場復帰プログラムの構築＆運用支援

註）上記の各施策は、ひとつの領域に限定できるものではありませんが、あえて9つの領域に割り当ててあります。

出所：「上司・リーダーのためのメンタルヘルス」（同文舘出版）を一部改訂

第3章　組織・全社で取り組むメンタルヘルス対策

LifeDesign Institute　ライフデザイン研究所

研修セミナープログラムの一例

"気づき"から"築き"へ

個人の元気が組織の活性化を生み出し、組織の活性化が個人の元気を生み出します。
ライフデザイン研究所では、個人の成長と組織の活性化の両面に着眼をおいた研修／セミナーをご提案いたします。
貴社のニーズに最も適したプログラムをカスタマイズいたします。（階層別研修も数多くの実績がございます。）

社会への貢献／組織の活性化／個人の成長

●●●●● メンタルヘルスの予防・対策はこれからといった企業様向けの研修 ●●●●●

メンタルヘルス基礎講座
対象／マネジメント層、チームリーダー、全従業員 など
内容／・積極的なメンタルヘルス対応策の必要性
　　　・ストレスとうまく付き合うには など

いま、求められるメンタルヘルス対策
対象／人事担当者、産業保健スタッフ、マネジメント層 など
内容／・早期発見、早期治療から維持増進へ
　　　・職場復帰がうまくいくための条件 など

リーダーのためのメンタルヘルス［ラインケア］
対象／マネジメント層、チームリーダー など
内容／・こころの健康に関する正しい理解と4つのケア
　　　・関心を寄せる→声をかける→聴く→つなぐ など

ストレス・コーピング［セルフケア］
対象／マネジメント層、チームリーダー、全従業員 など
内容／・自分を知る、自分に気づく
　　　・ストレス一日決算主義 など

●●●●● より具体的な問題にフォーカスした参加型の研修 ●●●●●

ストレスと上手に付き合う認知行動心理学
対象／産業保健スタッフ、マネジメント層、全従業員 など
内容／・うつ病の世界標準的な精神療法、認知行動心理学とは
　　　・予防に活かすこころの柔軟体操！ など

メンタル・タフネス
対象／マネジメント層、チームリーダー、全従業員 など
内容／・プレッシャーを増大させる思考と感情の連鎖
　　　・状況に応じた感情と行動選択の仕方 など

感情のセルフコントロール
対象／マネジメント層、チームリーダー、全従業員 など
内容／・感情との付き合い方の傾向（癖）に気づく
　　　・ネガティブな感情の本来的な目的と味方にする方法 など

ES（従業員満足度）の向上
対象／マネジメント層、チームリーダー、全従業員 など
内容／・CS・ES・DSのバランス
　　　・コミュニケーションの質の向上と従業員満足 など

職場のハラスメント対策
対象／マネジメント層、チームリーダー、全従業員 など
内容／・パワハラとは、セクハラとは
　　　・ハラスメントが及ぼすダメージとその対策 など

コミュニケーションとリラクセーション
対象／マネジメント層、チームリーダー、全従業員 など
内容／・リラクセーションの方法と効果
　　　・コミュニケーションの技術と習得 など

●●●●● 予防・改善に重点を置いた体験学習中心の研修／ワークショップ ●●●●●

キャリアデザイン
対象／マネジメント層、チームリーダー、全従業員 など
内容／・キャリア・アンカー、価値の再発見
　　　・キャリアビジョンの創造 など

モチベーション・マネジメント
対象／マネジメント層、若手リーダー など
内容／・モチベーションのメカニズム
　　　・セルフリーダーシップ（自己効力感の高揚） など

Transactional Analysis（交流分析）
対象／マネジメント層、チームリーダー、全従業員 など
内容／・自己理解と他者理解 "気づき"から"築き"へ
　　　・ストローク（こころの栄養素）と職場の活性化 など

ソリューション・フォーカス
対象／マネジメント層、若手リーダー、全従業員 など
内容／・問題志向から解決志向へ
　　　・フューチャーパーフェクトとOKメッセージ など

リーダーシップ
対象／マネジメント層、チームリーダー など
内容／・体験学習からリーダーシップスタイルに気づく
　　　・ビジョンを共有し、メンバーを巻き込む など

リスニング（積極的傾聴）
対象／マネジメント層、チームリーダー、全従業員 など
内容／・傾聴と対人関係能力について"聞く"から"聴く"へ
　　　・受容的な態度と傾聴スキルの習得 など

アサーティブ（素直な自分表現）コミュニケーション
対象／プロジェクトリーダー、全従業員 など
内容／・コミュニケーションはドッチボールでなくキャッチボール
　　　・自分も相手も尊重するかかわり方 など

ファシリテーション［学習する個人と組織］
対象／プロジェクトリーダー、マネジメント層 など
内容／・コンセンサスを導くプロセス（創造化／活性化／効率化）
　　　・組織変革時におけるファシリテーターの役割 など

部下の可能性を引き出すコーチング
対象／マネジメント層、チームリーダー など
内容／・ティーチングからコーチングへ
　　　・マネジメントスキルとしてのコーチング など

NLPコミュニケーション
対象／マネジメント層、プロジェクトリーダー など
内容／・ユニークなセルフコントロールテクニックで苦手場面を克服
　　　・相手の波長に同調するラポール など

メンタル・コーチング
対象／マネジメント層、チームリーダー など
内容／・人生の輪 "人生の意味づけ"
　　　・「できない」を「したい」に変える発想法 など

真報連相
対象／マネジメント層、プロジェクトリーダー、全従業員 など
内容／・プロセス思考から目的思考へ
　　　・情報の共有化と風通しの良い職場形成 など

リーダーのためのやさしい心理学講座
対象／マネジメント層、チームリーダー など
内容／・カウンセリングマインドのための自己理解
　　　・カウンセリングマインドに求められる信頼関係づくり など

ストレス・カウンセリング講座
対象／マネジメント層、チームリーダー など
内容／・ストレスエデュケーション
　　　・ストレスマネジメント－個人編／組織編－ など

※内容の詳細、お見積り、日程のご相談は
　担当者まで、お気軽にお問い合わせください。

　ライフデザイン研究所
URL:http://e-eap.com　E-Mail:info@e-eap.com

Mental Health

職場ストレスが深刻化する背景

　職場ストレスの問題が急速に深刻化しつつあることの背景には、時代環境の変化に伴って職場を取り巻く環境にもさまざまな変化が生じていることがあります。

　では、どのような変化が私たちを取り巻いているのでしょうか。職場を取り巻く変化を整理しておきたいと思います。

（1）短期的な利益追求

　短期的な企業利益の追求のみに目がいってこころの余裕を失い、利益の上がるものを見つけるのに血眼になって無意識に競争に力を注ぐばかりに、誇りや道徳観を二の次にしています。そういった姿勢に嫌気がさす中堅の社員も多く、自分の価値観、こころの基盤を失いつつあります。

　向上心や問題意識を持った社員ほど、そういったコンプライアンスに関する葛藤を感じているようです。

（2）仕事量の増加と過重労働

　コスト削減の中で企業は常にぎりぎりの人員体制で経営活動をしています。その一方で顧客や取引先へのサービスをもっと充実させたいとも思っています。また、社会環境の変化に伴い、夜間、休日を問わずに稼動することを要求されるサービス業などの仕事もますます広がっています。

　必然的に、従来よりも少ない人員体制でますます大きな労働量をこなさなければならず、心身ともに過重な状況で働き続けることを余儀なくされるというケースが増えています。

　雇用環境はますます厳しくなるとともに、人事考課は能力給から成果給へと移行し、多少の無理な労働条件にも甘んじて従わざるを得ないと考えてしまいがちです。

　また、残業代カットが厳しくなる中で、いっこうに減らない仕事をこなすために、サービス残業をするという矛盾したケースも増えて、大きな負担となっています。

　他方、事業者には労働安全衛生法によって、メンタルヘルス不調を含む作業関連疾患の管理が義務づけられています。事業者は、業務に密接な関係を有する労働者の健康の管理として、把握可能な疾患について適切な対応をすることが必要とされています。

　また、安全配慮義務によっても、事業者による労働者の職場でのメンタルヘルス不調の予防と対応が義務づけられています。対策としては、事業者が労働者の健康管理をリスクマネジメントの一環として考え、職場での問題を把握し、適切な対応をすることが求められています。事業者が労働安全衛生法の規定を守っていても、過失が認められた場合は責任が問われることになります。

　事業者は労働者の生命、身体、健康の安全を保護すべき法的な義務があり、これに違反

して社員の安全を損なえば、損害賠償責任を負うことになります。しかも最高裁は「危険が予見可能である限りは、事業主は具体的な結果を回避する措置を講じなければいけない義務」までも求めています。

(3) 仕事の細分化、専門化

多くの仕事の現場では、次々と変化する顧客の情報やサービスの広がりにより、「現場の知識が追いつかない」、「担当者しかわからない」などの問題が生じています。

結果として、専門化・細分化された仕事が多くなり、いくらキャリアがあっても応用が効かず、一から学び直さなければいけないということも発生しているようです。

こうした状況は仕事の質・量の管理を難しくさせ、結果として、ひとりの人への負担が大きくなる傾向が強まっているのが実情です。

(4) 雇用形態の多様化

職場ストレスの大きな要因として、派遣社員の広がりなど雇用形態の多様化に伴う問題もあります。仕事の専門化、人件費の削減、アウトソーシングの広がりとともに、派遣社員や契約社員、出向といったさまざまな雇用形態が増えています。

正社員の間に入って働く派遣・契約社員は、時に、不明確・不安定な身分でありながら、微妙な配慮を要する人間関係の中で、仕事上はその会社の社員としての責務を果たすことを求められます。正社員と同じ権利や恩恵は得られないまま、忠誠心だけはしっかりと要求されるという状況もあります。

現在、こういう多様な雇用形態のもとで生じるさまざまな精神的なストレスも見逃せなくなっており、こうした可能性について働き手、派遣先、受入先のそれぞれが、十分に配慮していくことが求められています。

(5) コミュニケーション・ギャップ

核家族で縦横のつながりも薄くなり、子どもたちは、多くの大人との接触、異年齢や多人数の集団で遊ぶ機会も乏しくなる一方で、受験戦争の激化、テレビ、ゲーム、ビデオなどの普及のため、いつでも疑似体験に囲まれ、自分のイメージの中にこもって過ごす時間が増えてきました。

人との関係が希薄になる中で、直接のかかわり合い、ぶつかり合いに慣れていない世代が、今、若手や中間管理職へと広がってきています。

こうして、相互に人間関係づくりを困難と感じる世代が広がっていく状況で、個人レベルでのコミュニケーション、対人関係のストレスの広がりとともに、人をどう教育し管理したらよいのかという各組織の管理者の困難もますます広がっています。

(6) コミュニケーション手段の多様化

　現在は情報化が進み、パソコン、メール、携帯電話など、コミュニケーションの手段も多様化しています。相手の状況にかかわらず一方的に情報を流すことが可能になり、「情報が流れているから、気持ちも伝わっている」という錯覚が生じがちです。

　情報の伝達手段は大きく広がりましたが、それを使いこなして「気持ち」の交流をうまく図るための対人関係のスキルが、それに追いついていないように感じられます。情報化の進展は、劇的にコミュニケーションを活性化したように見えますが、対人関係という面で見ると、不協和音や戸惑いを生む要因になっています。

ストレスチェック〔こころの健康診断〕のすすめ

　ストレスは生きている限りなくならないものなので、なくそうとするのではなく、コントロールすることが必要だと述べました。矛盾するようですが、メンタルヘルスの問題を職場レベルで捉えると、そもそもない方がよいストレスは事前に改善し、日頃から働きがいのある職場を形成しておくことが大切です。

　筆者が主宰するライフデザイン研究所では、メンタルヘルス予防の主な目的のために、ストレスチェック〔こころの健康診断〕を企業や団体に積極的に提案しています。

　私たちはからだの健康については、毎年、定期健康診断や人間ドッグを受診しています。その結果「健康度」が測定され、その健康のレベルに応じて健康維持・増進のためのアドバイスがなされ、健康づくりのための取り組みが促されます。

　定期健康診断や人間ドッグは、単に病気の早期発見・早期治療という後追い的なものではなく、「脂分をひかえよう」「タバコをやめよう」など、予防や維持増進に積極的に取り組むための啓発になっています。

　こころは目に見えるものでないために、その状態を本人でさえもなかなか的確に把握できません。

　ストレスチェック〔こころの健康診断〕は、曖昧でつかみにくいこころの状態を客観的に測定し、わかりやすい数値やグラフでフィードバックしています。そのことで、健康への関心や理解が深まり、健康であることの大切さを認識する機会が得られます。

　情報（自分の健康状態）のないところにはなかなか行動が伴いません。事実や実態の把握があってはじめて的確な「こころの健康づくり」に着手できます。

　自己の健康レベルを自覚することで、アドバイスを一般論としてではなく、自分自身のために役立つものとして受け入れることができるようになるため、主体的な健康行動への動機づけがなされます。

　ストレスチェック〔こころの健康診断〕の結果は、健康という山に向かって歩いていく

場合に必要となる地図のようなもので、地図があれば健康という目標へ、迷うことなく効率よく到達することができます。こころの健康診断は、そのための第一歩であり、動機づけになるものです。

ストレスチェック〔こころの健康診断〕は、メンタルヘルス不調を未然に防ぐための羅針盤といえます。

ある企業では年々メンタルヘルス不調者が顕在化し、その対処に追われていました。

通常、企業経営の過程では、何か問題が生じると必ずその真因（根因）をつきとめ対策を講じ歯止めをするにもかかわらず、メンタルヘルスに関しては、その基本を忘れ、対処に追われる防戦一方の対応を多く目にしました。

そこで、ストレスチェック〔こころの健康診断〕を全社導入し、部署別、職種別、階層別などの「集団特性」を『見える化』し、特性に応じた改善活動に取り組んだ結果、社内の風通しが良くなり、年々健康度が増し、好ましい風土が築かれています。

ストレスチェック〔こころの健康診断〕の実施フロー

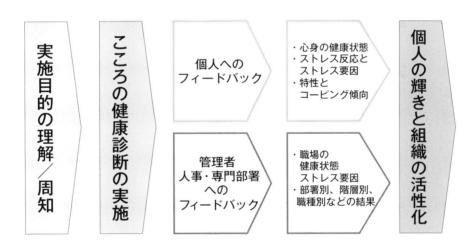

こころは目に見えるものでないために、その状態を本人でさえもなかなか的確に把握できません。また、専門の訓練を受けたカウンセラーに従業員と面接してもらい、そのこころの状態を把握してもらう方法もありますが、それには、膨大な時間とコストがかかってしまいます。そこで求められるのが、科学的に妥当な方法で的確に、しかも効率良くこころの状態を測定してくれるこころの健康診断ツールということになります。

身体の健康診断の際に、血液や尿などの成分を調べ、本人が自覚していない健康問題を早期に発見できることがあります。それと同じように、ストレス検査も、本人が自覚していないメンタルヘルス上の問題の早期発見に役立ちます。そういった意味で、ストレス検査の

Mental Health

受診は、科学的なメンタルヘルス管理の第一歩となります。

厚生労働省でも、ストレスチェックの義務化が 2015 年 12 月より施行されています。

求められる定量的なモニター

経営資源は必ず定量的にモニターしなければなりません。しかし、ヒト・モノ・カネという経営資源のうち、ヒトのモニタリングに関しては、決定的に遅れています。モノについては、生産量や品質、リードタイムなどをコンマ何ケタにもわたって把握し、カネについても、あらゆる指標が揃っています。しかし人だけは員数というモノ的な観点か、人件費というカネ的な観点しか把握されていません。

ヒトという経営資源を本当に把握しようと思ったら、社員のこころを測らなければなりません。意識という漠然としたものを数値で「見える化」すべきなのです。

弊所のストレスチェック〔こころの健康診断〕を例に上げると、ストレスチェックには次のようなメリットがあります。

①こころの健康状態が現在どのレベルにあるかを把握できます。こころの状態が、健康なのかどうなのか。それがどの程度なのか。ストレスチェック〔こころの健康診断〕を受検することによって、健康や病気についてさまざまな事実や実態が判明し、社員一人ひとりが自己の健康レベルを自覚するための情報が得られます(診断の結果、初期の段階で病気が発見されることがあり、早期治療の道を開くことができます)。

②健康への理解が深まり、健康であることの大切さを認識する機会が得られます。

③自己の健康レベルを自覚することで、アドバイスを一般論としてではなく、自分自身のために役立つものとして受け入れることができるため、主体的な健康行動への動機づけがなされます。

④部署別、職種別、階層別などの「集団特性」が把握され、個人の単位では見えにくい原因が浮きぼりになり、その特性に応じた指導や改善が可能となります。

曖昧でつかみにくいこころの状態を客観的に測定し、わかりやすい数値で「見える化」することで、メンタルヘルスをマネジメントの一環として捉え、さまざまな改善策を講じることができます。

ストレスチェック〔こころの健康診断〕(個人)のフロー

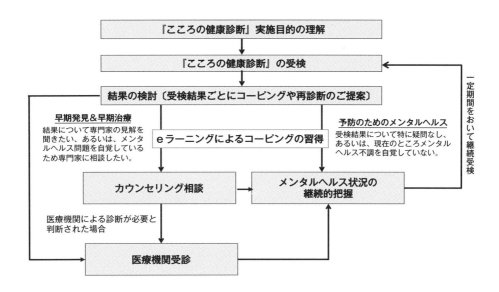

ストレスチェック〔こころの健康診断〕(組織)のフロー

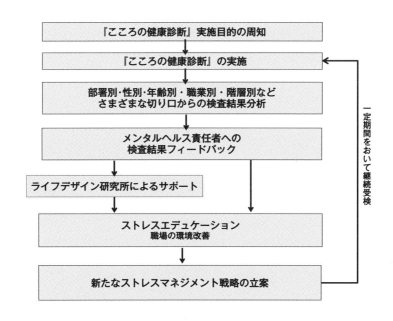

Mental Health

組織データをES（従業員満足度）調査に活かす

　流通業やサービス業を中心に、ストレスチェックの組織データ（ストレス要因）を単にストレスの原因と捉えるのではなく、「従業員がどのような要因にストレスを感じているか」＝「自社のどこに満足し、どこが不満足なのか」と、ESの指標に置き換えて、活用する企業が少なくありません。

　従業員満足は単に、企業と個人の関係における「従業員の肯定的な感情」というレベルのものではなく、「企業価値の最大化」のサイクルの一部であるといえます。企業が財務的な成果を長期的に上げるためには、顧客満足を追求すべきであり、その顧客満足は従業員の日々の実践によって得られるものであるという観点に立脚する必要があります。

　顧客との接点で発揮する従業員の顧客満足への取り組み、企業価値創造への取り組みを評価するマネジメント・システムをつくりあげ、そして、経営が従業員満足の実現にむけて、従業員の期待やニーズの在処を把握し、満足向上策を実行していくことによって、結果、企業→従業員→顧客→株主のサイクルで企業価値が生み出されることを考えれば、企業業績に及ぼす影響は小さいはずがありません。従業員満足の向上がストレス要因の減少やモチベーション向上に直結すると捉え直し、メンタルヘルスを後追い的な費用と捉えるのではなく、積極的な投資として捉え直そうとする企業が多くなっているのは事実です。

　また、このようなストレスチェックを実施すると、環境が悪化している組織や階層など、悪者探しをし、その原因に手立てを講じようと人事担当者などは躍起になります。人事担当者という立場からすれば、好ましいというか、当然の着眼点といえなくもないのですが、その悪者探しが、ますます組織のストレスを高める可能性をはらんでいます。悪者探しをし、その点を血祭りに上げようとする取り組みは、百害あって一利なしです。そのようなアプローチよりも、風通しの良い部署や階層などの取り組みをヒアリングし、それらを水平展開するポジティブ・アプローチが、地道な活動ながら、効果的な取り組みといえます。
　『悪者探しから、良者探し』へ

ストレスチェック受検後の提案事例

　弊所では、ストレスチェック受検後にさまざまな角度から組織データを翻訳し、より良い職場づくりに向けて、提案を示しています。本書でもその一例を紹介します。ただし、会社名、事業部名などを伏せるため、一部のシートを割愛し、事業部などは、空欄や記号に変更しています。

　"風通しの良い活力ある組織に向けて①"提案3「若手のセルフケア教育の徹底」という

課題は、特に転職組のストレスが高いということが別データから把握できました。転職者は教育レベルがまちまちですから、採用時に各部署で最低限のセルフケアとラインケア教育を徹底しようということになり、各事業所の衛生管理者をトレーニングし、弊所のノウハウ（テキスト）を提供しながら、社内講師として活躍してもらいました。社内講師という役割を求められたことで、彼らのメンタルヘルスへの意識も高まり、漏れなく全事業部の底上げができたとの感想をいただきました。

また、レジリエンス研修は、メンタルヘルスの領域ではなく、マネジメント研修の一環として、カフェテリア方式にて採用していただきました。

女性のキャリアデザインは、女性に限定することなく、従来の若手向けキャリア研修の実施数を増やす方向で実施しています。

提案書（報告書）を持参する際、多くの担当者から、以下のような感想をいただきます。「提案いただいた内容は、なんとなく自社の傾向としてわかっていました。しかし、なんとなくであったわけで、データとして、このようにご提案いただけると納得でき、上司にも改善案を説得しやすくなります。わたしどもでは、経営会議への報告としても本資料を配布し、経営陣のメンタルヘルスの意識向上も上司（人事部を兼任する役員）が奔走してくれています」と。

特徴的な組織データ結果

特徴1　ストレスが高い★★★、●●●
〇〇〇、◇◇◇、☆☆☆、□□□などと比較して

特徴2　女性のストレスが高い
キャリアの曖昧さやコミュニケーションがストレッサーに

特徴3　若手のストレスが高い
従業員の構成比率の高い若手ほどストレス反応が高い

Mental Health

ストレス反応の部署別ワースト順位

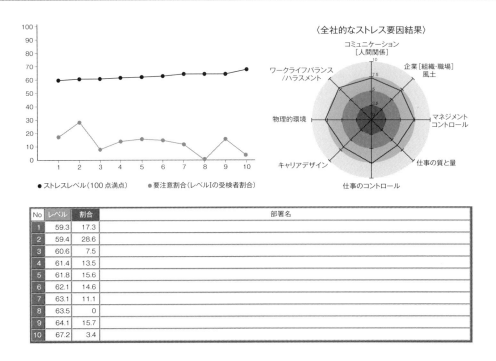

No	レベル	割合	部署名
1	59.3	17.3	
2	59.4	28.6	
3	60.6	7.5	
4	61.4	13.5	
5	61.8	15.6	
6	62.1	14.6	
7	63.1	11.1	
8	63.5	0	
9	64.1	15.7	
10	67.2	3.4	

★★★・●●●と□□□のストレス要因比較

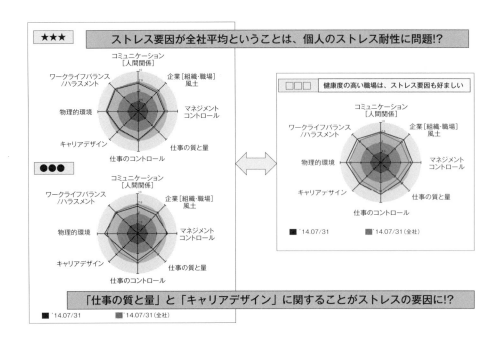

第3章 | 組織・全社で取り組むメンタルヘルス対策

自分の仕事や職業生活での強い不安、悩み、ストレスがある

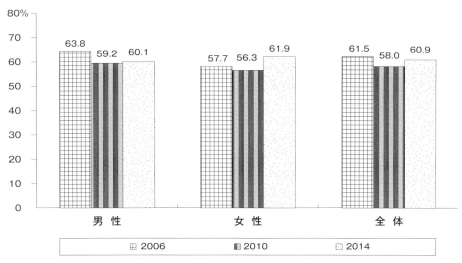

部下のいる人…67.0%（部下のいない人…58.3%）
実労働時間10時間以上…77.0%（6時間未満…38.4%）

出所：厚生労働省「労働者健康状況」（2014年）

性別データ結果からの翻訳

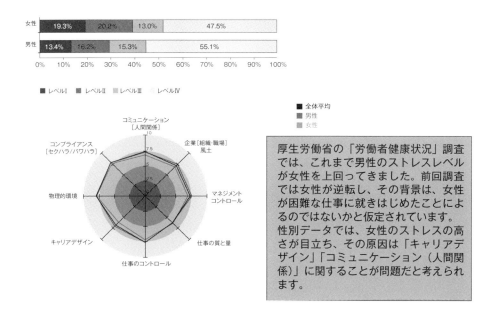

厚生労働省の「労働者健康状況」調査では、これまで男性のストレスレベルが女性を上回ってきました。前回調査では女性が逆転し、その背景は、女性が困難な仕事に就きはじめたことによるのではないかと仮定されています。
性別データでは、女性のストレスの高さが目立ち、その原因は「キャリアデザイン」「コミュニケーション（人間関係）」に関することが問題だと考えられます。

Mental Health

年齢別データ結果

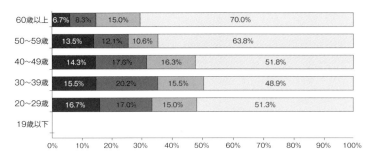

若年層のストレスレベルの高さが見られます。（ストレス要因には特徴性は見られません）この年代は、「新型うつ」などの精神疾患の可能性があり、早期の対処が求められます。従業員の構成割合も高いことからもリスクが高く、内定時や中途採用時など、早期からセルフケア「自分の健康は自分で守る」の自覚を養う必要があります。

風通しの良い活力ある組織に向けて①

提案1
レジリエンス能力を高めることでこころのしなやかさを向上
★★★、●●●のストレス耐性の底上げ

提案2
キャリアデザインやコミュニケーションのスキルアップで
女性が活躍できる環境づくり

提案3
入社時や階層別研修などに「自分の健康は自分で守る」自覚を
若手のセルフケア教育の徹底

提案1 ―逆境を乗り越え＆チャンスをつかむ―
レジリエンス（しなやかさ）セミナー   メンタルヘルス

対象者：すべてのビジネスパーソン　　期間：1日〜2日

ねらい

レジリエンス（Resilience）とは、もともとは、ストレスとともに物理学の用語で、ストレスが「外力による歪み」を意味し、レジリエンスはそれに対して「外力による歪みを跳ね返す力、復元力」として使われはじめました。強い風が吹くと竹や柳の木はしなりますが折れずに弾き返して立ち直ります。この立ち直り力のことをレジリエンス（しなやかさ）と呼んでいます。
人材開発や組織開発の分野にも応用され、「こころのしなやかさ」「困難を乗り越える力」などと訳されています。
レジリエンスは、困難や逆境というマイナスな局面を乗り越えるだけでなく、レジリエンスを身につけることにより、成果を上げる能力を養うことができます。

≪ねらい≫
・こころのしなやかさを育て、自分の行動をコントロールすることができるようになります。
・メンタル不調を予防し、ストレス耐性を高めることができます。（一次予防）
・リスクを予測し対応するとともに、与えられたチャンスを活かすことができます。

1日目　9:00〜17:00

≪チェックインとルール≫
・レジリエンス・セルフチェック

1. レジリエンスが求められる時代背景
・メンタルヘルスを取り巻く環境
・ストレスとは、ストレッサーとは
・ストレスと生産性
・ストレスマネジメントとは

2. ポジティブ心理学とレジリエンス
・ポジティブ心理学とは＆レジリエンスとは
・レジリエンスの必要性と構成要素
・セルフチェックのふりかえり

3. ネガティブ感情に対処する
・マインドフルネスの実習
・気晴らしのススメ

4. 思い込みの排除（悪循環からの脱却）
・思い込みへの気づき
・認知の歪みリスト
・思い込みへの対処法
・リフレーミング

2日目　9:00〜17:00

≪アイスブレイク≫
5. 自己効力感の高め方
・ないものねだりから、あるもの活かし
・マインド・マッピング

6. 逆境を乗り越える原動力
・強み（アンカー）の再発見
・金儲けから、人儲け（サポーター）
・ストローク"心の栄養素"
・感謝とポジティブ感情
・感謝の語り合い「恩恵や贈りもの」

7. オプティミスト（楽観性）の高め方
・楽観主義者と悲観主義者
・人生の脚本家

8. 見通し力の高め方
・人生の満足度リスト（相互コーチング）
・具体的な目標の立て方
・カウンセラーの選び方

≪チェックアウト≫ふりかえり
"気づき（学び）と職場への適応"

風通しの良い活力ある組織に向けて②

リーマンショック以降、自らキャリアを築く必要性を意識したり、会社に貢献して働き続ける道を模索する女性は増え続けています。そうした意識をうまく汲む組織は、実は女性に限らずすべての従業員が幸せに働けて、しかも高いパフォーマンスを上げ続ける組織でもあるようです。

（図1）女性が活躍する会社BEST10

1988年	2012年
1位　エイボン・プロダクツ	1位　日本IBM
2位　西友	2位　P&G
3位　高島屋	3位　第一生命保険
4位　日本航空	4位　日本生命保険
5位　小田急百貨店	5位　高島屋
京王百貨店	6位　パソナグループ
ソニー	7位　大和証券グループ
松坂屋	8位　ソニー
9位　大丸	9位　パナソニック
日本電信電話	10位　野村証券
ニチイ	

メーカー、金融、サービス、流通と、幅広い業界が上位へランクインしており、女性活用の取り組みが業界を問わずに拡大していることを表しています。特に長時間労働による男性型業種と思われていた保険・証券企業が上位に進出しているのが特徴となっています。
グローバル市場で勝ち抜くための経営戦略として女性活用を位置付けている企業が多く、同時にワークライフバランス推進にも取り組んでいます。

Mental Health

女性が活躍する企業のパフォーマンスは良好

産業能率大学の調査結果によると、女性が活躍する企業のパフォーマンスは概ね良好であるという結果が得られました。その理由としては下記の4つがあげられます。
1. 仕事の実績に対して性別にかかわらず適切に評価できる仕組みを持つ。それが、社員のモチベーションアップにつながる。
2. 優秀な労働力を確保できる。
3. 女性活用に積極的な企業は新しいことに取り組む機動力や多様性を技術革新につなげようとする意欲が高い。
4. 公正な経営姿勢が業績や株価に好影響を与える。

貴社の主なお客様は、○○業であり、○○業は女性を積極的に活用する代表的な産業です。貴社が同業他社と比べ、「女性が活躍する」イメージが優先すると、生活者や取引先にとって、イメージアップにつながります。

	従業員			管理職			役員			平均年齢			勤続年数		
	計	女性	比率	計	女性	比率	合計	女性	比率	計	男性	女性	計	男性	女性
競合A社															
競合B社															
競合C社															
競合D社															

出所：内閣府男女共同参画局

 提案2

－自己選択、自己決定、自己責任を原則とし、自らを自律的な存在として活かしきる－

キャリアデザイン ワークショップ　　キャリアデザイン

対象者：25～40歳の節目　　　期間：2日間

企画意図

自分の人生に起こる出来事は、自分自身に責任があります。どの道を選ぶか、その選択権は自分の中にあります。私たちは、自分の人生を価値あるものに仕上げていく責任と自由があります。
自らの存在を自律的に活かしきる・・・そんなセルフエスティームを取り戻して（再確認して）いただければと思います。

ねらい

私たちは、「自分のイメージ」「自分の物語」を自分だけで作り上げることはできません。他者への語りかけ、他者のまなざし、他者の言葉を通して「自分の物語」を創り、編み直すことができます。そのため、本研修ではワークショップ形式をとります。
・自ら主体的にキャリアを切り拓くことの重要性を知る
・自分の能力や仕事の価値観についての理解を深める
・組織におけるプロ人材としての存在意義を確立する
・今後の能力開発課題を明確にする

1日目　9:00～17:00

1. キャリアをデザインする・・・とは
・キャリアデザインとは（キャリアデザインとは）
・成功するキャリアデザイン
・キャリアの障害
・タイムマネジメント "優先順位づけ"

2. キャリア・アンカー　　SEEDSの発見
「自分の本当の価値を発見しよう！」
キャリア・アンカーとは、どうしても犠牲にしたくない、また自分の本当の自己を象徴する、コンピタンス（有能さや成果を生み出す能力）や動機、価値観について、自分が認識していることが複合的に組み合わさったものをいいます。
・キャリア指向自己チェック
・キャリア・アンカーの自己決定と
　　　　　　実践への応用

2. スキルフィールド「自己のスキルやセールスポイント（強み）を整理します」
これまでのビジネスを振り返り、自己のスキルを再確認するとともに、マトリクスに置き換えて、それぞれのスキル、強みが、今後どれほど役立つ可能性があるかを内省する。
・成功体験のふりかえり "やる気グラフ"
・過去の成果と役割⇒スキルの抽出

2日目　9:00～17:00

4. DiSC分析による対人関係への気づきとヒューマンネットワーク
　　　　　　　　　　　NEEDSの自覚

5. 環境変化と役割の明確化
「高い視野でキャリアを築こう！」
・周囲からの自己への期待
（会社、上司、部下、お客様など）
・将来の環境予測とその対策
　　　　　　　　　　　WANTSの創造

6. キャリアデザインの創造
「3～5年後のビジョンをデザインしよう！」
・わたしの追求する方向性
・アクションプラン
　（WHAT-HOW-DO-CHECK）
・学びの場を創造する

【キャリア・ビジョンとキャリア・アクションプランの決意（感想）発表】
(時間的に余裕のある場合にのみ実施)
2日間の学びを通して、今後のキャリア開発の自覚を自らに意識づけ（コミットメント）、その決意及び感想を、各自グループ内（あるいは全員の前）で発表する。各グループ内で相互サポートができる仕組みづくりを提案し合う。

・まとめ「キャリアの重要性の再確認」

第3章 | 組織・全社で取り組むメンタルヘルス対策

提案3 －I'm OK & You're OK－ アサーティブ・コミュニケーション　コミュニケーション

対象者：すべてのビジネスパーソン　　　期間：1日～2日

ねらい

ビジネスの現場では、取引先との交渉や社内の調整など、上司・同僚・取引先といった立場の異なる相手に対して自分の考えを伝える必要があり、高度なコミュニケーションスキルが求められています。相手の意見を尊重しつつ、適切に自分の意見を表明することは、業務を円滑化するだけでなく、健全な社会生活に不可欠なことです。にもかかわらず、実際には、自分の意見を押し通すために高圧的に振る舞ったり、相手に萎縮して自分の考えを全く伝えられずにいることがしばしば見受けられます。
本研修では、自分の考えを「攻撃的になることなく」「萎縮することなく」適切に伝える「アサーティブ」な言動を実践的に学習します。
≪補足≫
アサーティブのみではなく、Transactional Analysis やアンガーマネジメント、積極的傾聴などと組み合わせての実施も可能です。

1日目　9:00～17:00

コンセンサス実習

1. 対人関係の持ち方、3つのタイプ
・攻撃的、服従的、アサーティブな態度
・アサーションチェックリスト記入
・自己のアサーション度を知る

2. WIN/WINの関係づくり
・アサーションの3つの領域
・考え方・言い方・ボディランゲージ

3. アサーティブな考え方
・日頃のあなたの考え方チェック
・非合理な思い込みに気づく
・アサーション権を知る

4. アサーティブなボディランゲージ
・コミュニケーションの改善方法
・メラビアンの法則

5. アサーティブな言葉・言い方
・DESC話法
・"NO"を言う法

6. アサーティブ行動を実践するために
・心の4つの領域（OK牧場）
・開放された領域を広げる自己開示と傾聴トレーニング

7. 相互尊重の人間関係づくり
・率直で正直なコミュニケーション
・より積極的に前向きに生きる
・自分にYES！を
・心はアナログ、言葉はデジタル

8. まとめ〔職場への適応〕

提案3 －プロフェッショナルへの基盤づくり！－ 新入社員研修　階層別研修

対象者：新入社員　　　期間：2日間

ねらい

『仕事に対する5つの姿勢』の醸成
■「仕事第一主義」の意味を理解する
勤務時間中は仕事が第一であるということ、最後までやり遂げるという厳しさをもつこと。
■良い人間関係をつくる
仕事の成果をあげるには良い人間関係をつくることが重要。その入り口が「挨拶」。1つひとつしっかりできるようになることが大切。
■周囲からの信頼を得る
信頼こそ仕事を支える根本。小さなことの積み重ねと繰り返しをこなして初めて得られるもの。
■前向きに考え、行動する
「なんとかやろう！」というポジティブな方向へ気持ちを"切り換える力"を持つ心がけを。
■計画的に仕事をする
何事も計画をたてて実行する習慣を。そのためには段取りや優先順位を考えることが重要。

1日目　9:00～17:00

1. オリエンテーション
インタビューと他己紹介
取り組み姿勢＆態度

2. 接客応対「心」と「形」の調和①
「基本の動作」「心の持ち方」の両面を習得し、対人関係の潤滑油・自己表現としてのマナーを実践的に身につける。
・立ち居振る舞い（身だしなみチェック、立ち方、お辞儀と挨拶、明るさと笑顔）

3. チームワーク実習
グループによるコミュニケーション・ゲームを通して、チームワークの大切さ、時間管理（納期管理）の重要性などを学びます。
・チームワークとは
・報告・連絡・相談"ほうれんそう"

4. 働くとは、仕事をするとは
これまでの生活と社会人としての生活の違いを認識するとともに、学生から社会人となるための「プロ意識」への変革を図ります。

2日目　9:00～17:00

前日の続き

・社会人としての意識・働くことの意味
・顧客満足
・私たちを取り巻く環境
・職場での基本態度

5. ストレス・マネジメント
・ストレスの正しい理解
・自分の健康は自分で守る！
・ストレス対処法"同期との絆づくり"

6. 接客応対「心」と「形」の調和②
社会人としての正しい敬語表現。好感のもてる話し方、名刺交換を学びます。ロールプレイングを通して、電話応対の基本ポイントを実践的に習得します。
・接遇応対（来客応対、名刺交換）
・正しい話し方と電話応対
・電話応対（かけ方、受け方、取り次ぎ方・携帯電話含む）
・Eメールの基本マナー
・ビジネス文書

Mental Health

提案3 －自分の健康は自分で守る！－ セルフケア（ストレス・マネジメント） 中途採用者向け

対象者：中途採用者　　期間：120分～180分

ねらい

今の社会現象の様相を理解する上でキーワードの1つといえる「ストレス」。
この言葉は、日常会話で頻繁に使われ浸透しています。しかし、分かっているようでいて、実はあまり正しく理解されていないのがこのストレスという言葉ではないでしょうか。
ストレスが蔓延する今日の社会の中で、どのようにストレスに対処すればよいのか、こころの健康管理、ストレス対処力の維持向上をテーマにプログラムを構成しました。
ストレスを完全に排除することは困難です。ストレスの原因となるものを極力排除し、いかにストレス・コーピングを習得するか、からだの健康管理だけではなく、こころの病にかからないように日頃から"こころの健康を維持向上"していただくきっかけとなれば幸いです。

120分～180分

1. ストレスに関する基礎知識
このセッションでは、ストレスに関する正しい理解を目的に解説します。ストレスとは悪いもの、ない方がよいものという間違った認識をあらためていただくことを狙いとしています。
①ストレスとは
②ストレッサー（要因）とは〔自分の傾向チェック〕
③良いストレスと悪いストレス
④ストレスと生産性

2. セルフケアの方法
自分の健康は自分で守るというストレスマネジメントの責任は自分にあるという自覚を抱いていただき、ストレス対処法の種類を増やしていただくことを狙いとしています。
①メンタルヘルスの『基本は自分で自分を守る』セルフケア
②自分に"気づく"
③ストレスパターン自己チェック
④ストレス・コーピング（対処法）
⑤ソーシャル・サポートとメンタルヘルス

提案3 －安全配慮義務の徹底と職場の活性化－ リーダーのためのラインケア 中途採用者向け

対象者：中途採用者　　期間：90分～120分

ねらい

メンタルヘルスやストレスについて、職場の全員が正しい知識を持つことは予防の出発点です。正しい理解が浸透しないと早期発見も職場復帰も進まず、「病気になる者は弱いやつだ」などという偏見が横行してしまいます。メンタルヘルス教育の中では、精神疾患は特別な人がかかる病気ではないこと、もしも精神的な病気になっても十分に快復すること、などの理解を深めていただきます。職場のメンタルヘルスはこれまで、専門家でないとできないと思われていましたが、今では職場の全員がそれぞれの役割を認識し、職場で計画的に自主的に健康な職場づくりに向けて、職場を改善していくことが求められています。

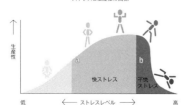
ストレスと生産性の関係

90分～120分

1. メンタルヘルスに関する基礎知識
・メンタルヘルスの必要性
・メンタルヘルスを取り巻く現状
・ストレス社会の到来
・安全配慮義務
・各種指針や法改正などの行政の動向
・職場復帰プログラムの重要性と緊急性
・メンタルヘルスとリスクマネジメント

2. ストレスに関する正しい知識
・ストレスとは
・ストレスと生産性
・NIOSHのストレスモデル
・努力-報酬不均衡モデル

3. メンタルヘルス不調について
・職場で起こり得るメンタルヘルス不調の解説
・勤労者に最も多いうつ病の理解
・職場で対応する際のポイント

4. メンタルヘルスへの緊急＆重要課題
・生産性と人間性
・メンタルヘルスシステムの導入と1次・2次・3次ケアの連携

＊＊＊＊＊＊＊ストレスチェック『こころの健康診断』受診促進に向けて＊＊＊＊＊＊＊

－従業員の健康を経営的な視点からサポートします－

筆者が主催するライフデザイン研究所では、長年の力作（ノウハウ）を弊所のみに止めるのではなく、多くの企業（同業者）でご活用いただきたいと願い、システム（ソース）ごと、お譲りする決断をいたしました。

ストレスチェック『こころの健康診断』の主な特徴は以下の通りです。

1．個人へのフィードバック『自分の健康は自分で守る』
①こころとからだの健康状態
②ストレス反応と職場のストレス原因
③性格特性とコーピング（ストレス対処傾向）

ストレスチェックは、受検が終わりではなく、更なる維持向上のためのはじまりでなければ価値がありません。本システムでは、受検結果に応じた学習（身につけるべきストレス解消法など）がフィードバックされ、学習の機会が得られます。

2．管理職〔リーダー〕へのフィードバック
管理職・リーダー自身が所属する組織の「こころとからだの健康状態」「ストレス要因」がグラフで詳細にフィードバックされます。データ結果をもとに、職場の活性化へ向けて、具体的な改革に取り組むことができます。ある企業では、「改革のための行動計画」を立て、経営会議で進捗を確認し合い、好ましい組織風土に向けて日々、種まきを行っています。

3．人事部（産業保健スタッフ）＆経営層へのフィードバック
部署別、階層別、性別、年齢別、役職別ごとにストレス環境が把握できます。
時系列に客観的な詳しい組織データを把握できるため、一次ケア（予防開発）に向けて、活性化した組織風土づくりの施策を効果的に講じることができます。
また、一覧表にて、個人の結果が順位づけられているため、産業医が容易に対策を講じることができます。

★☆★ 以下の方々におすすめします ☆★☆
☆ストレスチェックを取り込みメンタルヘルス分野にさらなる販路を広げたい病院やクリニック（精神科・心療内科）
☆ストレスチェック義務化の対象企業（従業員50名以上）や学校（団体）
☆メンタルヘルス（EAP）分野を強化（深耕）したいコーチや講師（コンサルタント）、研修会社
☆メンタルヘルスのサービスの質を高めたい心理の専門家（臨床心理士・精神福祉士・カウンセラーなど）
☆関連領域を広げ、事業の安定、サービスの拡大を検討している社会保険労務士（事務所）
☆新規の事業分野として、メンタルヘルス関連に関心のある組織（個人）…など

サーバーにあるデーター（ソース）ごとお譲りしますので、屋号やデザインなど思いのままに加工することも可能です。

お気軽にお問い合わせください。　　担当：畔柳（くろやなぎ）修　info@e-eap.com

Mental Health

リーダーが果たす緩衝材役

リーダーは、メンタルヘルス活動を展開する上で、職場のストレス対策について重要な役割を担っています。職場のさまざまな条件から生じるストレスを未然に防止するなど、問題が起きた場合にいち早く解決できる立場にいるからです。

NIOSH（米国の労働安全衛生研究所）は、職場のストレス要因と疾患までをモデル図で示しています。

私たちがストレスをため込むと、イライラなどの行動面や腹痛や肩こりなどの身体面、不安やゆううつなどの心理面にストレス反応が起きます。

そのストレス反応の原因として、仕事の量や質、職場の人間関係など職場のストレスが代表的なものとしてのしかかります。

また、個人の性格やストレス対処力など、個人の要因が影響します。

ストレスがかかるからといって、いきなり病気に向かうわけではありません。影響を促進させる加重要因と、それとは反対に影響を軽減させる緩衝要因があります。

加重要因の例として、親の介護や夫婦間の問題、あるいは子どもの不登校の問題などがあります。通常ならば乗り越えられる問題も加重要因がのしかかると乗り越えにくくなります。

一方の緩衝要因とは、リーダーや同僚・家族などによる支持・サポートで、こうしたこころのクッションが得られるとストレスを緩和できます。

同じような職場で働きながら、ストレスがたまる人とたまらない人の違いは、個人要因も関連しますが、最も重要なのは緩衝要因となるサポーターの存在の有無です。

ストレスに強い職場づくりを形成するためには、リーダーが緩和要因となり、部下の職務上のストレスを和らげる存在でいることです。そして、定期的に職場のストレスの改善を図り、ワークライフバランスを取り入れ、プライベートを充実させることです。もちろん、リーダーに頼るばかりでなく、個人個人がストレス対処力を高め、セルフコントロール力を身につけることが基本であるのは言うまでもありません。

NIOSHの職業性ストレスモデル

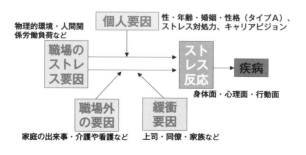

出典：原谷隆史・川上憲人：労働者のストレスの現状　産業医学ジャーナル 1999;22(4)：23-28

自由裁量度を高める仕掛け

　職場のストレスとその影響を分析したモデルに、スウェーデンのカラセクが提唱した「仕事要求度—コントロールモデル」があります。現在、世界で最もよく知られる職業性ストレスモデルのひとつです。

　このモデルでは、職場のストレスの強さは、「仕事の要求度（仕事のペース、量、時間、仕事の際に要求される精神的集中度や緊張の度合いなど）と仕事のコントロール＝裁量権（仕事上の意思決定の度合い、自分の能力や技術を発揮・向上できる可能性など）」の2つの要素とその組み合わせによって決まる、としています。

　このモデルによると、仕事の特徴は大きく4つのタイプに類型化されます。

　第1は、要求度が高く、裁量権の強い「高ストレイン群」であり、最も心理的緊張度が高く、疾病のリスクが高いとされます。看護師、消防士などの職種がこれに当たります。

　第2は、要求度も裁量権も高い「active群」で、仕事はきついがやりがいも感じられ、困難な課題をも克服しようとする意欲が強い。自由時間の活動も行動的です。

　第3は、要求度が低く、裁量権の高い「低ストレイン群」で、最もストレインが少ないものです。

　第4は、要求度、裁量権ともに低い「passive群」で、刺激に乏しく、能力が次第に萎縮していくかのような特徴を持ちます。

　このように、仕事の要求度が高くても必ずしもストレスが大きいとは限らないのです。自分でコントロールできる範囲（裁量権）が大きければ良いのです。

　自由裁量が高いということは、職務満足度を高め、ストレスを低減する効果があります。そのためにリーダーは、仕事の要求度に見合うように仕事のコントロール（自由度や裁量権）を与えることが求められます。

　筆者は年間多くのキャリアデザイン研修を依頼されていますが、キャリアビジョンを明確にすることは、セルフモチベーションを高め、メンタルヘルスの一次ケアにも好影響を波及してくれます。

　受動的に仕事を捉えるのではなく、自分のキャリアに責任を持ち、自らキャリアを切り拓いていく（自らを自律的な存在として活かしきる）プロセスは、仕事のコントロール度を高めることになるからです。

　ビジョンを明確に持つビジネスマンは、失敗をしても落ち込むのは一瞬で、失敗を糧とするエネルギーがあります。また、仕事量の多さや残業時間も目標をクリアーするための必要な時間として前向きに捉える傾向があります。

　キャリアの方向性をしっかりと持っているか、目先の仕事に追われてしまっているか。キャリアのデザインは私たちのこころの健康に大きな影響を与えます。

仕事の要求度―コントロールモデル

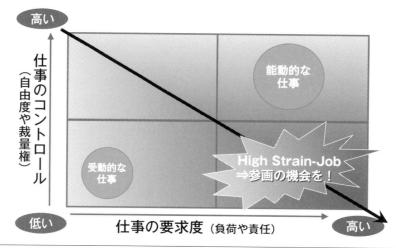

自由裁量が高いことは、職務満足度を高め、ストレスを低減する効果がある！

メンタルヘルスケアにおけるリーダーの役割

　職場において、リーダーの役割は、経営上与えられた業務を遂行し達成することです。このためには、働きやすい環境づくりにこころがけ、適切な業務命令を発し、一人ひとりがいきいきと働けるように配慮することが大切です。

　すべての労働者は、日々変わりゆくこころの状態にあり、その中で職務に就いています。時には、沈みこむことがあるでしょうし、気が散って仕事に集中できないという状況もあり得ます。それらを事前に防止し、トラブルにつながる前の対応、不幸にしてこころの健康問題が生じた場合の手助けなど、各人がはつらつとして、十分な能力を発揮できるようにするために、リーダーが配慮すべき点は少なくありません。

（1）職場環境の改善

　労働者のこころの健康には、職場環境や仕事の内容などが影響を及ぼします。リーダーは、常にこれらの問題点を把握し、改善することによって、良好な職場環境を維持するよう努めなければなりません。このためには、職場巡視や作業結果の報告、労働者から意見聴取した内容、あるいはストレスチェックの結果などを通じて、具体的な問題点の把握に努めるとともに、それらの改善のために、職場環境、仕事の内容の見直し、そして組織の見直しなど、幅広い観点からの対策を講じることが期待されます。

そして対策の効果を定期的に把握し、必要があれば、さらに効果的な対策を考え、進めるようにして、全体が善循環サイクルに進めます。改善措置を講じる際にも、部下の意見を尊重する姿勢が望まれます。

(2) 個々の部下への配慮と相談対応

リーダーは、個々の部下の能力や経験、そして日々の様子などをよく知った上で、過度な疲労、心理的負荷が生じないよう、仕事を命じ、適切な就業管理を行わなければなりません。そして部下が過労と感じたり、強度の心理的負荷を負ったりしていないか、また何か悩みごとを抱えていないかなどについて、関心を持つことが大切で、日常、部下の話をよく聴き、何かあれば相談にのれるようにこころがけなければなりません。

場合によっては、事業場内産業保健スタッフや事業場外資源（事業場外でメンタルヘルスへの支援を行う地域の保健機関、専門家など）への相談・受診を勧めるなどの対応が求められます。

(3) リーダー自身の健康管理の重要性

リーダーといえども人間ですから、健康を損なう心配は常にあります。職場の健康を保つためには、まず、自分の健康が第一です。とくにリーダーのこころの健康状態は、当人のみならず、部下にも大きな影響を与えます。

リーダーが毎日暗い顔をしていれば、職場全体から明るさが失われてしまうことは言うまでもありません。「リーダーの精神的不健康は部下のストレス」といっても過言ではないでしょう。

リーダーは、職場不適応などの問題に対処することも大切な役割ですが、それ以前に、明るくて活気があり、士気の高い職場の実現に努める必要があります。そうした職場では、不適応が生じにくいといえるからです。

明るく活気ある職場は、リーダーが次の事項を積極的に推進することによって実現されます。

(4) 仕事に関するストレスの除去——社員の能力・性格・意向などを考慮する

仕事の内容・量は、時としてストレス要因になります。社員の能力、性格、意向などを把握し、現場の状況を考慮して、次のような点に注意しましょう。
・適材適所の配置、適時の異動など、人事管理の適切な運用
・勤務内容・条件上の配慮（変則勤務・深夜勤務などがやむをえない職場では、疲労蓄積などの健康管理に十分気をつける）

Mental Health

(5) 良好な人間関係の形成──交流の場・気分転換の場も大切

職場のストレス要因で最大のものは、人間関係の葛藤と言っても過言ではありません。
- リーダーと部下の間の葛藤はストレスに大きく影響します。リーダーは、ときおり「リーダーとしてのあり方」をかえりみることが必要です。
- 少人数や多職種の職場では、組織的に社員相互のコミュニケーションを積極的に作り出すことが大切です。人間関係がいったんこじれると、深刻な影響が出てきます。
- 人間関係がより複雑な職場では、日常の円滑な人間関係が何よりも大切です。管理者は計画的に交流の場、気分転換の場を設定することが必要です。

(6) リーダーシップのとり方──職場の状況に柔軟に対処する

仕事と人との両面を常に視野に入れ、職場の状況に柔軟に対処していくことが大切です。現実には、管理者の性格などに左右されがちですから、自分の性格についても認識を深める必要があります。

(7) 社員の指導・育成──育てるこころときめ細かい対応が大切

- 評価すべきところは評価し、ほめるべきところはほめ、注意すべき点は注意することが基本になります。
- 叱ったときは、そのあと、リーダーの方から積極的に声をかけるなど、フォローを行い、社員の気持ちを前向きにするようにしましょう。
- ストレスが多くかかる時期（採用時、転職時、昇任時、育児期間など）の社員に対しては、個人の状況に応じたきめ細かい対応をこころがけましょう。

(8) 互いに相談し合える雰囲気──こころから耳を傾け、共感して理解をする

互いに気軽に相談できる職場の雰囲気づくりも大切です。部下から相談を受けたときは、真剣にこころから耳を傾け、共感して理解に努める気持ちをもって対応しましょう。

カウンセリング・マインドで！

國分康孝氏は、カウンセリング・マインドを「人間関係を大事にする姿勢」と表現しています。

そのポイントは、受容と共感です。受容とは、相手を評価せず否定することなく、あるがままの姿をそのまま受け入れることです。受容されていると感じた部下は、自己防衛をする必要がなくなり、その結果、より客観的に自分自身のありのままの姿を見つめることができるようになります。

共感とは、相手の物事の受け取り方（見方・感じ方・考え方）、意味付けの仕方を共有し、

あたかも自分自身のものであるかのように感じ取ることをいいます。「あたかも自分のものであるかのように」ということが重要であり、相手の感情と同一化することではありません。共感とは、相手の世界を正確に共有し、言語化していく作業ともいえます。

リーダーがカウンセリング・マインドで接することで、より強固な信頼関係を部下との間に築くことができます。その結果、建て前ではなく、本音の会話が開かれます。

予防のためのカウンセリング

みなさんは、カウンセリングに対する抵抗や偏見をお持ちではないでしょうか。

弊所では、経営層（リーダー）の方々に、予防（開発）のためのエグゼクティブカウンセリングを積極的にお奨めしています。

筆者は独立前から精神療法を学び、経営コンサルティングとカウンセリングを統合した支援を志してきました。コンサルティングの過程で、経営者が悩みを語りきることで、悩みそのものはなくならなくても心的エネルギーが高まっていく過程を幾度となく目にしてきました。

経営者の心的エネルギーが高まると、仕事の質（決断など）が高まり、業績に直結するのです。その意味では、カウンセリングは最も効果的な未来への投資といえます。

経営層のこころとからだの健康は、当人のためだけでなく、職場に大きな影響を与えます。例えば経営層がストレスをため込むと、イライラし高圧的になり、それが部下のストレス要因となります。また、落ち込んだりすると閉鎖的になり、報告・連絡が滞り、ミスやトラブルの原因につながることが考えられます。まさに、経営層の精神的不健康は部下のストレスと言っても過言ではなく、メンタルヘルス対策のキーマンといえます。

残念なことですが、自分のストレスを部下に「分け与えて」しまっている経営層を非常に多く見かけます。部下にストレスを分け与えても、何の解決にもならないばかりか、部下の生産性は下がる一方です。だからこそ、どんな困難な状況にあっても、経営層自らが健全なストレス習慣を身につけることが求められます。そしてそれだけで、職場のストレスは激減し、社員がメンタル不調になる可能性を減少させます。

また、タイプAで述べた通り経営層の中には、過剰な仕事の質や量など、普通の人にはストレスになるようなことでもさほど苦ではなく、むしろそれらに挑戦することが快ストレスになるタイプが多いのも特徴的です。ところが、このタイプは、自分でも気がつかないうちに過剰なストレスをため込んでしまう可能性が高く、心臓疾患を発症しやすいだけでなく、うつ病にもなりやすいことで知られています。

経営層のストレスマネジメントこそ、お金をあまりかけずに実行できる究極のメンタルヘルス対策といえます。

カウンセリングとは、その人の問題のある自己物語を会話を通して語り直すことによっ

て、その人がよりよく生きられる物語を作っていくことです。

　カウンセラーにこころの内を語ることは、弱く消極的な行為だという誤解がありますが、むしろストレスをいつまでも放置したり、あきらめたりするのではなく、援助を求めてでもストレスを解決しようという積極的な行為だといえます。

　経営層がストレスを上手に解放できたとき、部下の状態を"共感的"に感じ取り、部下が抱える問題を"傾聴"できるこころの余裕が生まれます。そんな余裕を部下は敏感に感じ取り、経営層にいろいろな相談を持ちかけてくるようになり、風通しの良い組織が築かれます。

　こころの健康への自己投資は、多忙なビジネスマンには欠かすことのできない自己投資といえます。

クリエイティブ・イルネス

　イルネス＝病気は悪いもので、治療する＝消し去るべきもの、もともとない方が良いものと考えられがちです。しかし、心理的な症状の場合、生き方全体を問い直すSOSであったという場合が珍しくありません。

　子どもの不登校から夫婦関係が改善されたり、心身症になったことによって自分の無理な生き方に気づいたり、今までの生き方に欠けていたものを発見したりします。必ずしも病気や問題行動でなくても、思いがけない「夢」が生き方を見直すキッカケになることもあります。

　カウンセリングは、そういう症状や夢や問題が私たちに何を伝えようとしているのかを探っていくプロセスです。繰り返す悪夢で眠れないとき、夢が何を訴えようとしているのかがわかると、同じ夢は消えてしまいます。症状が訴えようとしていることが、SOSや無意識からのメッセージなのです。

　母親の、父親に対する不満を中心に聞き続けているだけで、不登校の子が登校を始めるということもあります。子ども本人とはカウンセリングどころか会うことすらしていなくても、です。父親に対する不満を語る中で、無理をしていた自分や我慢して余裕のなかった自分に母親が気づき、母親の中に余裕ができたことで子どものこころにも影響したという場合もあります。

　メンタルヘルス不調は、その人にとっての「意味の問い直し」であって、一人ひとり個別に違うのです。誰にでも当てはまる決まった答えがすでにあるわけではなく、一人ひとりにとっての意味を個別に問い直していくものなのです。一人ひとりが自分にあった意味を探し発見していく、そういう意味でクリエイティブ（創造的）なのです。

あとがき

　スピードの時代といわれて久しい現在、それだけに次々と私たちに変化（ストレス）が強いられています。
　技術の進歩という点で、私たち人類は驚くほどの発達を遂げましたが、その自ら創り出した進歩・技術、変化の加速化に対応していく術という点ではどうでしょうか。物やサービスを創り出すことに懸命で、私たち自身のこころが置き去りにされてきたのかもしれません。今こそ、私たち自身が創り上げてきた技術の進歩、環境の変化に見合う主体的な対応が求められています。
　重要なのは、ストレスへの働きかけを、受動的に構えるのではなく、不必要な消耗を防ぎ、創造的に活用していくことです。ストレスに支配される側から、ストレスをコントロールしていく側に立つことです。

　読者のみなさまにお礼申し上げます。拙い文章にもかかわらず、ここまで読み進めてくださり、ありがとうございました。
　前著同様、素晴らしい出来栄えに編集をしてくださった編集部長の井上誠様ほか、金子書房のみなさまの支えで仕上げることができました。こころより感謝申し上げます。

　執筆にあたり、妻からはいつもあたたかな励ましをもらいます。いつもいつも本当にありがとう。
　執筆中に他界してしまった重度障害の父。17年間の介護生活が終わりをつげ、悲しくて悲しくて、執筆どころではありませんでした。しかし、その悲しみを和らげてくれたのは、本書に記したストレスコーピングであり、妻の支えでした。本書は亡き父のお仏壇を前にして書き綴りました。亡き父と一緒に書かせていただいている…そんな感覚を伴いながら、父畔柳光春（釋光照）に捧げたいと思います。これまで息子でいさせてくれて、ありがとう。来世もオヤジの子どもで生まれてきたい、こころからそう願っています。

感謝

　ライフデザイン研究所のHP：http://e-eap.com
　メールアドレス：info@e-eap.com

＜参考図書＞

・職場に活かす TA 実践ワーク　－人材育成、企業研修のための 25 のワーク（金子書房）
・キャリアデザイン研修 実践ワークブック　－若手・中堅社員の成長のために（金子書房）
・"言いたいことが言えない人"のための本　－ビジネスではアサーティブに話そう！
　（同文舘出版）
・上司・リーダーのためのメンタルヘルス（同文舘出版）
・こころの健康ワークブック（PHP 研究所）
・心の 1 分間トレーニング（東京図書）

■ 著者紹介

畔柳 修（くろやなぎ おさむ）

『ライフデザイン研究所』所長
1965年1月 愛知県生まれ。
大学卒業後、広告代理店、経営コンサルタント会社を経て『ライフデザイン研究所』を設立。独立当初より、行動科学、Transactional Analysis、アサーティブ、ゲシュタルト療法、ポジティブ心理学、認知行動療法、ブリーフ・セラピー、システムズ・アプローチなどを精力的に学び、人材開発や組織開発に応用する。
ライフデザイン研究所では、「経営コンサルティング／組織開発」「人材開発／研修セミナー」「ストレスチェック／ＥＡＰメンタルヘルス」「キャリア＆心理カウンセリング」の4つのサービスを軸に"個人の輝きと職場の活性化"の実現に向けて、精力的に活動をしている。

1998年から5年間、カウンセリング・ルーム『リフレーム』を開設し、うつ病やパニック障害などのカウンセリングを行う。
2005年『メンタルヘルスケア研究所』を設立し、個人のこころとからだの健康と組織の活性化のサポートを展開。ストレスチェック（『こころの健康診断』）をはじめ各種のEAPサービスを展開するとともに、"治すためのメンタルヘルスから、予防し高めるためのメンタルヘルス"の啓蒙を積極的に展開。
2007年に『メンタルヘルスケア研究所』を『ライフデザイン研究所』に統合。

経営コンサルティングでは、ポジティブアプローチによる組織の活性化を支援。企業理念、経営ビジョン、戦略的中期経営計画などの策定や人事施策の改訂など、人と仕組みの両面から、"企業とは、人が幸せになるところ"というコンシャス経営の実現に向けて、尽力し続けている。
エグゼクティブのためのコーチング、カウンセリングも精力的に担当し、リーダーを育成し続けている。さらに、中堅大企業の人材開発部門のアウトソースを引き受け、人材開発や評価・改訂などの企画から運営を担っている。

人材開発では、キャリアデザインをはじめ、リーダーシップ／レジリエンス／ポジティブ心理学／メンタル・コーチング／モチベーション／戦略思考／ソリューション・フォーカス／Transactional Analysis／NLP／アサーティブ／階層別研修　など数多くのテーマを担当している。最近では講師の育成にも携わっており、自身が積み上げたノウハウを提供しながら、マンツーマンによるトレーニングやコーチングを実践している。

【著書】
『メンタルヘルスに活かすＴＡ実践ワーク』（金子書房）、『キャリアデザイン研修 実践ワーク ─若手・中堅社員の成長のために』（金子書房）、『職場に活かすＴＡ実践ワーク ─人材育成、企業研修のための25のワーク』（金子書房）、『こころの健康ワークブック ─ストレスと上手につき合う認知行動心理学』（PHP研究所）、『"言いたいことが言えない人"のための本 ─ビジネスでは"アサーティブ"に話そう！』（同文舘出版）、『気分爽快！ストレス知らずハンドブック』（PHP研究所）、『上司・リーダーのためのメンタルヘルス ─うつにならない職場づくり』（同文舘出版）、『アサーティブ仕事術 ─気持ちが伝わる！意見が通る！』（PHP研究所）、『新版 TEG Ⅱ活用事例集』（金子書房）共著、など多数

コンサルティングやコーチング、講演＆研修セミナーなどお気軽にお問い合わせください。
お問い合わせ先：info@e-eap.com
『ライフデザイン研究所』http://e-eap.com

メンタルヘルス 実践ワーク
生産性と人間性を織り成す企業づくり

2016年5月20日　初版第1刷　　　　　　　　［検印省略］

著　者　　　　畔　柳　　　修
発行者　　　　金　子　紀　子
発行所　　株式会社　金　子　書　房
〒112-0012　東京都文京区大塚 3-3-7
電　話　03（3941）0111（代）
Ｆ Ａ Ｘ　03（3941）0163
振　替　00180-9-103376
URL http://www.kanekoshobo.co.jp

印刷　藤原印刷株式会社　製本　株式会社宮製本所

©Osamu Kuroyanagi 2016
Printed in Japan
ISBN 978-4-7608-3418-1
C0011

金子書房の関連図書

メンタルヘルスに活かす TA 実践ワーク
畔柳　修 著　　B5 判並製 236 頁　　定価 本体 3,000 円＋税

組織や企業においてメンタルヘルス（特にセルフケア）に、TA（交流分析）を活用した実践向きのワーク。一次ケア、二次ケア、三次ケアの広い範囲を扱い、コミュニケーション研修やマネジメント研修などにも幅広く応用できる。

職場に活かす TA 実践ワーク
人材育成、企業研修のための 25 のワーク

畔柳　修 著　　B5 判並製 216 頁　　定価 本体 3,000 円＋税

職場のコミュニケーションを円滑にする、好ましいリーダーシップを発揮する、組織の活性化を促すなど、職場に活かせる TA（交流分析）の理論と実践ワークを紹介する。

キャリアデザイン研修　実践ワークブック
若手・中堅社員の成長のために

畔柳　修 著　　B5 判並製 128 頁　　定価 本体 2,500 円＋税

働くことを通していかに人生を豊かに充実させるか。ビジョンを抱き邁進する元気な個人がいれば組織も元気になり、組織が元気になれば個人もさらに元気になる好循環が生まれる。キャリアデザイン研修の実践とワークを紹介し、若手・中堅社員のキャリアを創造するヒントを提供する。